かっこいい小学生になろう

Z会
グレードアップ
問題集 改訂版

小学**5**年

社会

●はじめに

Z会は「考える力」を大切にします ─────────────

　『Z会グレードアップ問題集』は，教科書レベルの問題集では物足りないと感じている方・難しい問題にチャレンジしたい方を対象とした問題集です。当該学年での学習事項をふまえて，発展的・応用的な問題を中心に，一冊の問題集をやりとげる達成感が得られるよう内容を厳選しています。少ない問題で最大の効果を発揮できるように，通信教育における長年の経験をもとに“良問”をセレクトしました。単純な反復練習ではなく，1つ1つの問題にじっくりと取り組んでいただくことで，本当の意味での「考える力」を育みます。

資料を使った問題に向き合い，読み取る力を養います ─────────

　本書では，小学5年生社会の教科書で扱う内容全般を取り上げていますが，とくに，食料生産や工業生産にかかわる産業の様子についての単元を，比較的多く取り上げています。小学5年生の社会で主に学習する地理の分野では，各種資料を読み取る力が欠かせません。本書では，地図やグラフ，表，写真，チャート図などの各種資料を数多く取り上げています。教科書に掲載されている一般的な資料だけでなく，小学生にとって初見になるであろう珍しい資料も取り上げています。こうした多種多様な資料を用いた問題を解くことを繰り返し，資料から必要な情報を読み取り，資料に表されていることがらの全体的な傾向をとらえ，複数の資料を関連づけて読み取る力を養います。また，記述問題も出題し，社会的事象の意味について考えたことを，根拠や解釈を示しながら文章で表現し説明する力を養います。

この本の使い方

1 この本は6つの章に分かれていて，全部で42回あります。
第1章の1から順番に，1回分ずつ取り組みましょう。

2 1回分が終わったら，別冊の『解答・解説』を見て，自分で丸をつけましょう。

3 まちがえた問題があったら，『解答・解説』の「考え方」を読んでしっかり復習しておきましょう。

4 マークがついた問題は，発展的な内容をふくんでいます。解くことができたら，自信をもってよいでしょう。

＊ 知っていたら かっこいい！ でしょうかいしていることは，これから役立つことが多いので，覚えておきましょう。

本書で登場する単位

割合

・全体は 100 ％

・1％は 全体の $\frac{1}{100}$

保護者の方へ

本書は，問題に取り組んだあと，お子さま自身で答え合わせをしていただく構成になっております。学習のあとは別冊の『解答・解説』を見て答え合わせをするよう，お子さまに声をかけてあげてください。

いっしょにむずかしい問題に，挑戦しよう！

イーマル　　　ミルマリ　　　イワンコ

目次

✱本書での表記についての注意点

・島の一部は省いている場合があります。

・国名は通称で表記している場合があります。

・都道府県を「県」と略している場合があります。

・グラフ中の「%」を略している場合があります。

・割合は合計しても100%になっていない場合があります。

・雨温図では，折れ線グラフは月平均気温の変化を，ぼうグラフは月降水量の変化をあらわしています。

1 世界と日本

1 世界の主な国々を示した次の地図を見て，あとの問いに答えなさい。（50点）

地図 1

1 地図1中のロシア連邦などが位置する大陸は，世界最大の大陸です。この大陸の名前を書きなさい。（10点）　（　　　　　　　　　　　　　）

2 地図1中のA，Bの海洋の名前をそれぞれ漢字で書きなさい。（各5点）

A（　　　　　　　　　）　B（　　　　　　　　　）

3 世界の国の数に最も近いものを，次のア～エの中から1つ選び，記号を書きなさい。（5点）

ア　約100　　イ　約150　　ウ　約200　　エ　約250　（　　　）

4 人口が10億人以上の国を，地図1の中から2つ選び，書きなさい。（各5点）

（　　　　　　　　　）（　　　　　　　　　）

5 4の2つの国以外の国の国旗を，次のア～ウの中から1つ選び，記号を書きなさい。（5点）

ア　　　　　　　　イ　　　　　　　ウ

（　　　）

6 地図1中に国名が示されている国々の中で，モンゴルだけに見られる国土の位置の特色を，「国土」という言葉を使って書きなさい。（10点）

（　　　　　　　　　　　　　　　　　　　　　　　　　　　　　）

2 次の図と地図を見て，あとの問いに答えなさい。(50点)

図１

地図２

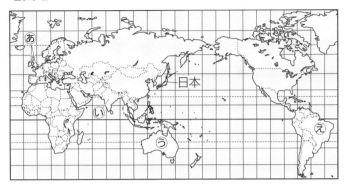

1 図１中に引かれている**X**は，地球を北半球と南半球に分ける線です。この線の名前を書きなさい。(10点)

(　　　　　　　　)

2 図１中に引かれている**A**のような北極と南極を結ぶ線の名前，**B**のような**X**と平行な線の名前をそれぞれ書きなさい。(各5点)

A (　　　　　　) B (　　　　　　)

3 **2**の**A**の基準となる本初子午線が通過している国を，地図２中のあ〜えから１つ選び，記号を書きなさい。(10点)

(　　　　)

4 地図２中のあ〜えの国について説明した文として正しいものを，次の**ア〜ウ**の中から１つ選び，記号を書きなさい。(10点)

ア 日本の領土とほぼ同じ経度に位置する国はあで，ほぼ同じ緯度に位置する国はえである。

イ 日本の領土とほぼ同じ緯度に位置する国はうで，ほぼ同じ経度に位置する国はない。

ウ 日本の領土とほぼ同じ経度に位置する国はうで，ほぼ同じ緯度に位置する国はいである。

(　　　　)

5 次の図は，図１（地球儀）から地図２がつくられるしくみを示したものです。図から読み取れる地図２の短所を，「面積」という言葉を使って書きなさい。(10点)

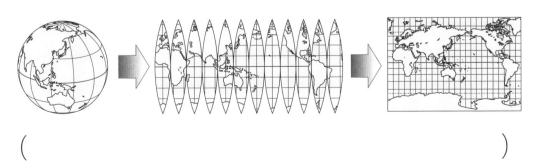

(　　　　　　　　　　　　　　　　　　　　)

2　日本の領土と地形

1 次の地図を見て，あとの問いに答えなさい。(55点)

地図1

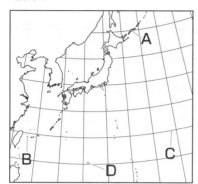

地図2

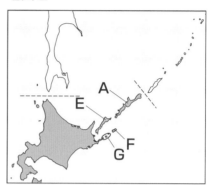

1 地図1中のA～Dは，日本の東西南北のはしの島を示しています。Aの島からDの島までのきょりに最も近いものを，次のア～エの中から1つ選び，記号を書きなさい。(5点)

　ア　約7000km　　イ　約5000km
　ウ　約3000km　　エ　約1500km

（　　　　　）

2 地図1中のBの島とCの島の名前をそれぞれ書きなさい。(各5点)

B（　　　　　　　）　C（　　　　　　　）

3 地図1中のCの島とDの島は同じ都道府県に属しています。Cの島とDの島が属する都道府県の名前を書きなさい。(5点)

（　　　　　　　）

4 地図2は，地図1中のAの島の周辺をくわしく示したものです。地図2中のAの島とEの島の名前をそれぞれ書きなさい。(各10点)

A（　　　　　　　）　E（　　　　　　　）

5 地図2中のAとE～Gの島々は日本の領土ですが，現在，ある国が不法に占拠しています。この国の名前を書きなさい。(5点)

（　　　　　　　）

6 地図1中のDの島では，波の作用によって海中にしずんでしまうのを防ぐ工事が行われました。工事が行われた理由を「排他的経済水域」という言葉を使って説明しなさい。(10点)

（　　　　　　　　　　　　　　　　　　　　）

2 次の地図を見て，あとの問いに答えなさい。（45点）

地図3

地図4

1 地図3中のXの山脈，Yの平野の名前をそれぞれ書きなさい。（各5点）

X （　　　　　　　　　） Y （　　　　　　　　　　　）

2 地図3中のA～Cの3つの山脈は，あわせて何とよばれていますか。書きなさい。（5点）

（　　　　　　　　　　　　）

3 地図3中のA～Cの山脈の名前の組み合わせとして正しいものを，次のア～ウの中から1つ選び，記号を書きなさい。（5点）

ア　A＝飛驒山脈　　B＝赤石山脈　　C＝木曽山脈

イ　A＝赤石山脈　　B＝飛驒山脈　　C＝木曽山脈

ウ　A＝飛驒山脈　　B＝木曽山脈　　C＝赤石山脈　　（　　　　　）

4 地図3中のa～dから，日本で最も長い川を1つ選び，その記号と川の名前を書きなさい。（完答5点）

記号 （　　　　　） 川の名前 （　　　　　　　　　）

5 右のグラフから読み取れる，外国の川と比べた日本の川の特色を，2つの点から書きなさい。（10点）

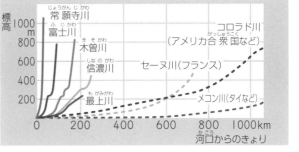

［　　　　　　　　　　　　　　　　　　　　　］

6 地図4は人口100万人以上の都市（2019年）を示しています。地図4から読み取れることを，「平地」「人口」という言葉を使って書きなさい。（10点）

（　　　　　　　　　　　　　　　　　　　　　　　　　　）

9

③ 日本の気候の様子

1 次の文章を読んで，あとの問いに答えなさい。(45点)

四季（季節）の区別がはっきりしていること，⑧降水量が多いことなどが日本の気候の特色です。日本の国土は南北に細長く，山地も多いので地域によって気候の様子にもちがいがあり，右のような⑩6つの気候に区分されます。

日本付近では，季節によって決まった方角から風がふきます。この風を季節風といいます。夏は（　**A**　）の季節風により（　**B**　）側で降水量が多くなり，冬は（　**C**　）の季節風により（　**D**　）側で降水量が多くなります。

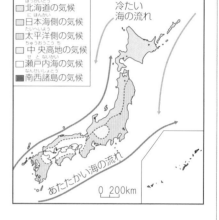

□北海道の気候
□日本海側の気候
■太平洋側の気候
□中央高地の気候
□瀬戸内海の気候
■南西諸島の気候

冷たい海の流れ

あたたかい海の流れ

0　200km

① 文章中の（　**A**　），（　**C**　）に入る方位を，八方位でそれぞれ書きなさい。
（各5点）

A（　　　　　　　　　） C（　　　　　　　　　）

② 文章中の（　**B**　），（　**D**　）に入る海の名前をそれぞれ書きなさい。(各5点)

B（　　　　　　　　　） D（　　　　　　　　　）

③ 文章中の───⑧について，右の地図はその理由の1つとなっている□□□の，月ごとの進路を示したものです。□□□に入る言葉を書きなさい。
（5点）（　　　　　　　　　）

北緯45度
40度
35度
30度
25度
20度
15度

9月
10月
7月　8月

0　500　1000km

東経125度　130度135度　140度145度

気象庁

④ 日本では，春の終わりから初夏にかけて連日くもりや雨の日が続きます。③とともに日本の各地に多くの雨をもたらすこの気象現象を何といいますか。書きなさい。(10点)（　　　　　　　　　）

⑤ 文章中の───⑩について，中央高地の気候と瀬戸内海の気候に見られる共通した特色を書きなさい。(10点)

（　　　　　　　　　　　　　　　　　　　　　　　　）

2 次の地図と図を見て，あとの問いに答えなさい。(55点)

地図１

図１

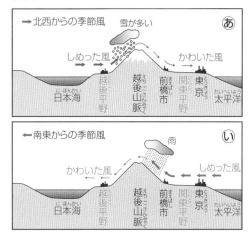

1 地図１中の**A～F**の各都市の気候の特色について述べた文として正しいもの
を，次の**ア～ウ**の中から１つ選び，記号を書きなさい。(10点)

ア **A**の都市は冬の寒さがきびしく，**D**の都市は夏と冬の気温差が大きい。

イ **B**の都市は夏でもすずしく，**E**の都市は冬でもあたたかい気候である。

ウ **C**の都市は昼と夜の気温差が大きく，**F**の都市は年中気温が高い。

（　　　　　）

2 地図１中の**A・D・F**の各都市の月ごとの降水量と平均気温を示しているグラ
フを，次の**ア～ウ**の中からそれぞれ１つ選び，記号を書きなさい。(各10点)

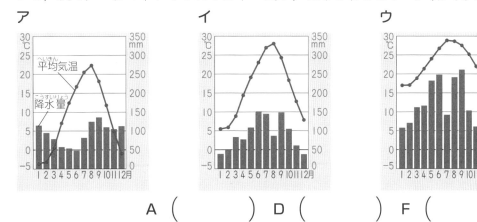

A（　　　　）　D（　　　　）　F（　　　　）

3 図１で夏の季節風の様子を示しているほうを選び，記号を書きなさい。(5点)

（　　　　　）

4 図１を参考にして，季節風が日本列島に雨や雪をもたらすしくみを説明しな
さい。(10点)

（　　　　　　　　　　　　　　　　　　　　　　　　　　）

4 寒い地方のくらし

1 新潟県について，次のグラフと図を見て，あとの問いに答えなさい。(55点)

グラフ1　　　　　地図1　　　　　図1

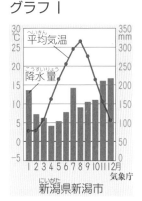

1 グラフ1のように，新潟県は冬に降水量が多く，豪雪地帯として有名です。新潟県に大量の雪をもたらす地図1中のXの風を何といいますか。書きなさい。(10点)

（　　　　　　　　　）

2 グラフ1を見ると，新潟市は冬でも平均気温が氷点下にはなっていません。それほどきびしい寒さにならない理由を，地図1を参考にして，解答らんに合うように説明しなさい。(10点)

（　　　　　　　　　　　　　　　　ので，空気があたためられるから。）

3 屋根に雪が積もりにくくするために，雪国ではどのようなくふうをしているか，図1を参考にして，「屋根」という言葉を使って説明しなさい。(10点)

（　　　　　　　　　　　　　　　　　　　　　　　　　　　　　）

4 次のA～Cの雪に対するくふうについての説明として正しいものを，あとのア～ウの中からそれぞれ1つ選び，記号を書きなさい。(各5点)

A　消雪パイプ　　　B　道路ぞいのポール　　　C　ロードヒーティング

ア　道路の下に温水や熱線を通して，その熱で雪をとかす。

イ　地下水をくみ上げて道路にまいて，雪をとかす。

ウ　雪が積もっても，道路と歩道のさかいがわかるようにする。

A（　　　）B（　　　）C（　　　）

5 豊かな雪解け水を利用して，新潟県で生産がさかんな農作物は何ですか。書きなさい。(5点)

（　　　　　　　　　）

6 新潟県では，雪にとざされ，農業のできない冬に「ある産業」が発達しました。冬のしめった空気や，豊かな雪解け水を利用したその産業を，次の**ア〜ウ**の中から１つ選び，記号を書きなさい。(5点)

ア やきものづくり　　**イ** 織物づくり　　**ウ** 家具づくり　　　（　　　　）

2 北海道について，次の問いに答えなさい。(45点)

1 グラフ２を参考に，次の文章の（　**A**　）には数字，（　**B**　）・（　**C**　）にはあてはまる言葉を書きなさい。

(各5点)

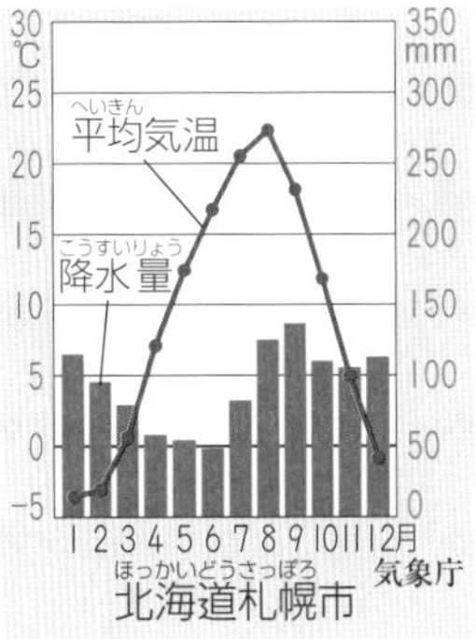

> グラフ２中で最も降水量が少ないのは（　**A**　）月で，北海道は（　**B**　）のえいきょうが少ないことによるものです。一年を通じて気温が低く，とくに冬は寒さがきびしいため，北海道の家は玄関やまどを（　**C**　）にするなど，寒さを防ぐくふうをしています。

グラフ２

A（　　　　　）B（　　　　　）C（　　　　　）

2 次の**A**・**B**が説明する地域の位置を地図２中の**ア〜ウ**からそれぞれ１つ選び，記号を書きなさい。また，その地名も書きなさい。

(それぞれ完答各5点)

地図２

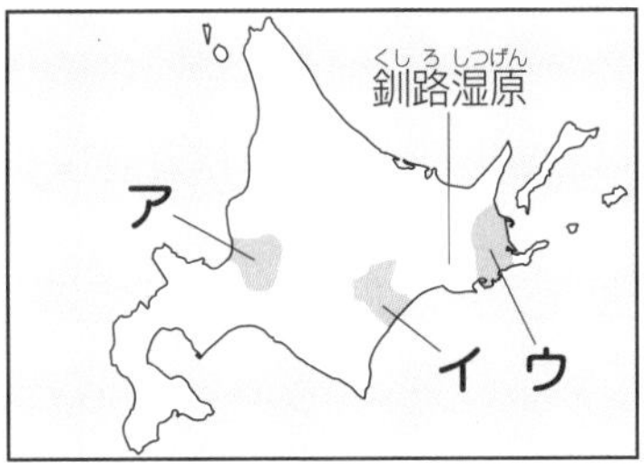

A：夏でも気温が低いため，米や野菜づくりには向いておらず，牛乳や乳製品をつくるために乳牛を飼育している。

記号（　　　　）　地名（　　　　　　　）

B：夏は気温が上がり，雪解け水も豊かであるため，米づくりがさかんである。

記号（　　　　）　地名（　　　　　　　）

3 地図２中の釧路湿原は日本で初めてラムサール条約に登録された湿原です。ラムサール条約の目的を「水鳥」「湿地」という言葉を使って書きなさい。(10点)

（　　　　　　　　　　　　　　　　　　　　　　　　　）

4 北海道で栽培がさかんなさとうの原料となる農作物は何ですか。書きなさい。

(10点)

（　　　　　　　　　）

13

5　あたたかい地方のくらし

1　沖縄県について，次の問いに答えなさい。（100点）

1　県庁所在地の那覇市と首都の東京とのきょりはおよそ何kmですか。**地図１**を参考に，最も近いものを，次の**ア〜エ**の中から１つ選び，記号を書きなさい。（10点）

ア　500km　　　イ　1000km

ウ　1500km　　エ　20000km

（　　　　　）

地図１

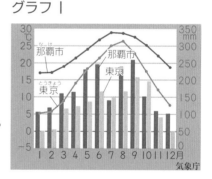

2　那覇市から見て東京より遠い都市を，**地図１**を参考に，次の**ア〜ウ**の中から１つ選び，記号を書きなさい。（10点）

ア　大韓民国（韓国）の首都ソウル

イ　中華人民共和国（中国）の首都ペキン

ウ　フィリピンの首都マニラ

（　　　　　）

3　**グラフ１**は那覇市と東京の平均気温と降水量を示したものです。**グラフ１**から読み取れることを説明した文として正しいものを，次の**ア〜ウ**の中から１つ選び，記号を書きなさい。（10点）

ア　那覇市は平均気温が10度を下回る月がないが，東京は１年の半分が10度を下回る。

イ　那覇市も東京も台風の時期にあたる９月の降水量が最も多い。

ウ　那覇市の降水量は，すべての月において，東京より多い。

グラフ１

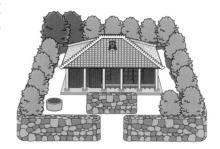

（　　　　　）

4　**図１**のような沖縄県の伝統的な家で見られる，台風から家を守るための対策を説明した文としてまちがっているものを，次の**ア〜ウ**の中から１つ選び，記号を書きなさい。（10点）

ア　戸を広くしている。

イ　屋根のかわらをしっくいでとめている。

ウ　屋根を低くしている。

図１

（　　　　　）

5 沖縄県は降水量が多いにもかかわらず，水不足がおきやすいために，伝統的な家では井戸，近年の家では屋根の上に給水タンクがつくられています。沖縄県が水不足になりやすい理由を，「大きな川」「海」という言葉を使って説明しなさい。

（10点）

（　　　　　　　　　　　　　　　　　　　　　　　）

6 グラフ2は，沖縄県の主な農作物の作付面積を表しています。グラフ2中のXにあてはまる，水不足にも強い農作物は何ですか。書きなさい。（10点）

（　　　　　　　　　　　　　　　　）

グラフ2

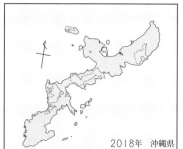

2015年　農林水産省資料など

7 沖縄県では，かつてパイナップルの生産がとてもさかんでしたが，最近は生産量が大きく減少しています。その理由を，「外国」という言葉を使って説明しなさい。（10点）

（　　　　　　　　　　　　　　　　　　　　　　）

8 沖縄県では，さんごしょうが変化した，水を通しやすい土地が広がっています。このことから沖縄県での生産がさかんではない農作物は何ですか。次のア～エの中から1つ選び，記号を書きなさい。（10点）

ア　マンゴー　　イ　きく　　ウ　稲　　エ　ゴーヤー

（　　　）

9 沖縄県には毎年，とても多くの観光客がおとずれます。きれいな海やさんごしょうなどとともに，沖縄県に残る独特の文化が観光資源となっています。この独特の文化を築いた，かつて沖縄県にあった王国を何といいますか。書きなさい。

（10点）

（　　　　　　　　　　　　　　　　　　　）

10 沖縄島の土地面積の約15％をしめている，地図2中の◯◯◯で表された地域は何に利用されていますか。書きなさい。（10点）

（　　　　　　　　　　　　　　　）

地図2

2018年　沖縄県

1 次の愛知県・岐阜県周辺の地図と図を見て，あとの問いに答えなさい。(60点)

地図 Ⅰ

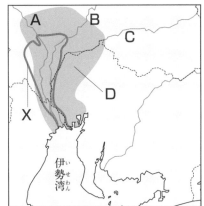

図 Ⅰ

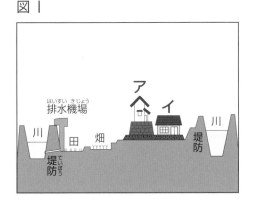

① 地図Ⅰ中のA～Cの河川の名前をそれぞれ書きなさい。(各5点)

A (　　　　　) B (　　　　　) C (　　　　　)

② 地図Ⅰ中のDの平野の名前を書きなさい。(5点)

(　　　　　)

③ 地図Ⅰ中のXの地域で見られる，図Ⅰのような，堤防に囲まれた集落を何といいますか。書きなさい。(5点)

(　　　　　)

④ 図Ⅰのア，イのうち，洪水などから避難する際に使用する建物はどちらですか。記号を書きなさい。(5点)

(　　　　　)

⑤ 地図Ⅰ中のXで囲まれた地域は，しばしば洪水などの被害を受けてきました。しかし，古くから農業がさかんに行われてきました。その理由としてあてはまらないものを，次のア～ウの中から1つ選び，記号を書きなさい。(10点)

ア　河川の豊かな水を農業に利用できるから。
イ　河川の氾濫を防ぐ堤防が自然にできたから。
ウ　河川の氾濫によって，肥沃な土壌がもたらされるから。

(　　　　　)

16

6 地図１中の**X**の地域では，近年，米だけでなく，野菜や果物の栽培がさかんです。その理由を，「名古屋市」と「新鮮」という言葉を使って説明しなさい。

(20点)

(   )

2 右の関東地方の地図を見て，次の問いに答えなさい。(40点)

1 地図２中の**A**の湖と**B**の河川の名前をそれぞれ書きなさい。(各５点)

地図２

A (   )

B (   )

2 地図２中の**A**の湖と**B**の河川の間の湿地帯が広がる地域を何といいますか。書きなさい。(５点)

(   )

3 **2**の地域では，古くから水運が栄えてきました。人による運搬と比べた水運の利点を書きなさい。(20点)

(   )

4 地図２で示された地域と同じ関東地方に属する都道府県を次の**ア～エ**の中から１つ選び，記号を書きなさい。(５点)

ア 福島県　**イ** 群馬県　**ウ** 山梨県　**エ** 石川県

(   )

知っていたら **かっこいい！**

●大河川下流の平野では，大小の河川のほかに人工的な水路がはりめぐらされて生活に利用されていたんだ。茨城県潮来市などでは，古くから水路が生活に密着していたよ。嫁入りする際の花嫁や嫁入り道具などを運ぶときに，水路や舟を利用したことから，嫁入り舟という風習が始まったといわれているんだ。福岡県柳川市では，柳川城を中心とする城下町の整備にともなって，人工的に堀がつくられたよ。堀を舟でまわる「お堀めぐり」が観光の名物となっているんだ。

7 高地のくらし

1 次の長野県周辺の地図とグラフを見て，あとの問いに答えなさい。(70点)

地図 |

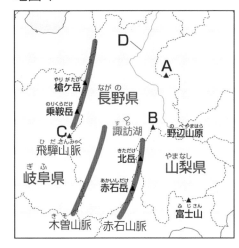

グラフ |

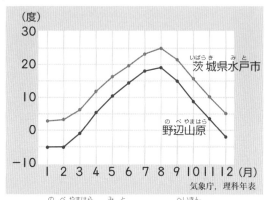

野辺山原と水戸市の月別平均気温

グラフ 2

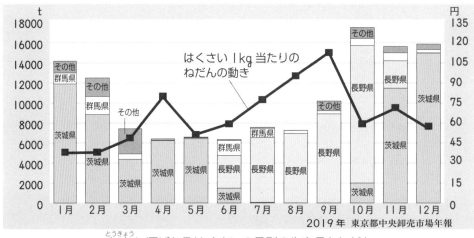

東京に運ばれるはくさいの月別の生産県とねだん

1 地図 | 中の**A〜C**の山の名前を，それぞれ書きなさい。(各5点)

A ( ) B ( ) C ( )

2 地図 | 中の**D**の河川の説明として正しいものを，次の**ア〜ウ**の中から | つ選び，記号を書きなさい。(5点)

ア 長野県と新潟県を流れ，最後には太平洋に流れ出ている。

イ 長野県では信濃川とよばれ，新潟県では千曲川とよばれる。

ウ 日本で最も長い川である。

( )

3 グラフ１から読み取れることとして正しいものを，次の**ア**〜**ウ**の中から１つ選び，記号を書きなさい。(10点)

ア 野辺山原の月別平均気温は，12月が最も低い。

イ 茨城県水戸市と野辺山原の月別平均気温を比べると，すべての月で野辺山原のほうが低い。

ウ 野辺山原には，月別平均気温が20度をこえる月がある。

(　　　　)

4 グラフ２から，茨城県と長野県から東京に運ばれるはくさいの量には，時期によってどのようなちがいがあるとわかりますか。「夏」と「冬」という言葉を使って書きなさい。(20点)

(　　　　　　　　　　　　　　　　　　　　　)

5 グラフ２から，８月から９月にかけて，はくさい１kg当たりのねだんが高くなっていることがわかります。この理由を，「気温」という言葉を使って書きなさい。
(20点)

(　　　　　　　　　　　　　　　　　　　　　)

2 中央高地での土地の利用について，あとの問いに答えなさい。(30点)

1 高地での土地の利用について述べた文としてまちがっているものを，次の**ア**〜**エ**の中から１つ選び，記号を書きなさい。(10点)

ア 山の斜面を利用してスキー場などが建設され，多くの観光客がおとずれる地域もある。

イ 川にダムを建設し，火力発電を行っている地域もある。

ウ すずしい気候を利用して，牛の飼育が行われている地域もある。

エ 火山の近くの土地は，溶岩や火山灰が積もってできたために，農業に適していない場合がある。

(　　　　)

2 中央高地には，棚田という山地の斜面を切り開いてつくられた水田があります。これらがつくられた理由を「平地」という言葉を使って書きなさい。(20点)

(　　　　　　　　　　　　　　　　　　　　　)

知っていたら かっこいい！

●中央高地にはすずしい気候を利用した避暑地が多くあり，野辺山原の南の清里（山梨県）などが有名だよ。

グレードアップ問題

1 次の表を見て，あとの問いに答えなさい。(40点)

表1

道府県名	1920年	1950年	1980年	2019年
北海道	88454	83482 (78486)	83517 (78521)	83424 (78421)
千葉県	5079	5032	5143	5158
山梨県	4455	4464	4463	4465
大阪府	1814	1815	1864	1905
香川県	1845	1862	1880	1877

主な道府県の面積の変化

単位：km² 総務省資料
※北海道のカッコ内は北方領土を除く数値

1 表1を参考にしながら，1920年時点，2019年時点で最も面積が小さかった道府県の名前を，それぞれ書きなさい。(各5点)

1920年 （　　　　　　　　　）　　2019年 （　　　　　　　　　）

2 表1中で，千葉県の面積が1950年から1980年にかけて大きく増加していますが，その理由を，「沿岸」という言葉を使って書きなさい。(10点)

（　　　　　　　　　　　　　　　　　　　　　　　　　　　　）

3 表1中で，山梨県はほとんど面積が変化していませんが，その理由を表1の他の道府県とのちがいや，山梨県の位置をふまえて書きなさい。(10点)

（　　　　　　　　　　　　　　　　　　　　　　　　　　　　）

4 地図1中で白くなっている地域は現在もどこの国の領土なのか決まっていない地域です。これらの地域はロシア連邦（ロシア）が実質的に統治しています。ロシアは，これらの地域に近い，日本の領土であるA〜Dの島々も不法に占拠しています。地図1中のAとBの島の名前をそれぞれ書きなさい。(各5点)

地図1

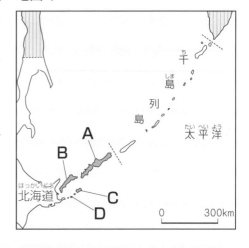

A （　　　　　　　　　）

B （　　　　　　　　　）

2 次の文章と地図を見て，あとの問いに答えなさい。（20点）

> かつての日本は，五畿（畿内）・七道とよばれる大きな地域に区分されて
> いました。また，全国が68の国（または島）に分けられていました。この
> ときの国の名前を，旧国名とよびます。

地図2

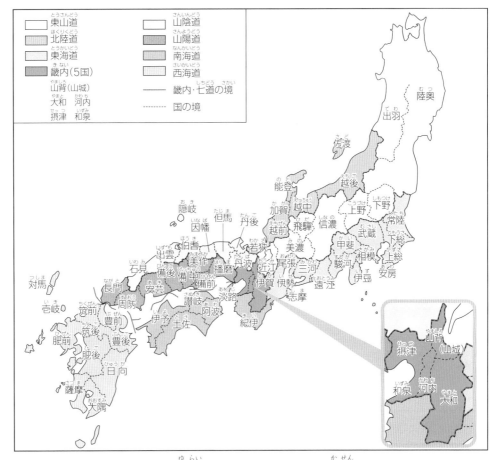

1 地図2を参考に，旧国名が由来となっている地名や河川名とはいえないものを，
次のア〜エの中から1つ選び，記号を書きなさい。（5点）

ア 濃尾平野　　イ 信濃川　　ウ 長良川　　エ 伊豆半島

（　　　　　）

2 地図2中の「越後」は，現在のどの都道府県にあたりますか。書きなさい。（5点）

（　　　　　　　）

3 地図2中の旧国名には「前」「中」「後」などが使われているものがありますが，
その理由を，「かつて都がおかれていた地域」と「きょり」という言葉を使って
書きなさい。（10点）

（　　　　　　　　　　　　　　　　　　　　　　　　　　　　　　）

グレードアップ問題は次ページに続きます。

3 次の地図を見て，あとの問いに答えなさい。(25点)

地図3

地図4

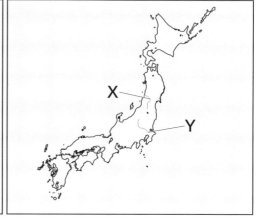

1 地図3中の奥羽山脈について述べた文として正しいものを，次の**ア**～**ウ**の中から1つ選び，記号を書きなさい。(5点)

ア 奥羽山脈は，中部地方を南北につらぬくように位置している。

イ 奥羽山脈は，群馬県と新潟県の県境に沿うように位置している。

ウ 奥羽山脈は，日本最長の山脈である。

（　　　）

2 地図3中の飛驒山脈について述べた文として正しいものを，次の**ア**～**ウ**の中から1つ選び，記号を書きなさい。(5点)

ア 飛驒山脈は，日本アルプスの中で最も南に位置する山脈である。

イ 飛驒山脈の北部は，富山県と長野県の県境に沿うように位置している。

ウ 飛驒山脈と木曽山脈の間には，揖斐川が流れている。

（　　　）

3 地図3中の四国山地について述べた文として正しいものを，次の**ア**～**ウ**の中から1つ選び，記号を書きなさい。(5点)

ア 四国山地が太平洋側からの夏の季節風をさえぎるため，四国山地の南側では夏に降水量が多くなる。

イ 四国山地と中国山地にはさまれた瀬戸内地方は，降水量が多い地域である。

ウ 四国山地は高く険しく，日本アルプスと同じくらいの標高の山がたくさんある。

（　　　）

4 地図4中の**X**，**Y**の河川の名前を，それぞれ書きなさい。(各5点)

X（　　　　　　　）　Y（　　　　　　　）

4 次の問いに答えなさい。（15点）

1 右の図は，沖縄県などでつくられている地下ダムのしくみを示したものです。図を参考にしつつ，沖縄県で地下ダムがつくられる理由を書きなさい。（10点）

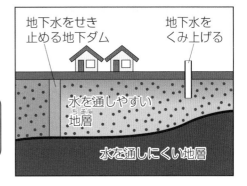

[

]

2 次の雨温図は，日本と世界の都市の雨温図です。日本の都市の雨温図と考えられるものを，次の**ア〜ク**の中から4つ選び，記号を書きなさい。（完答5点）

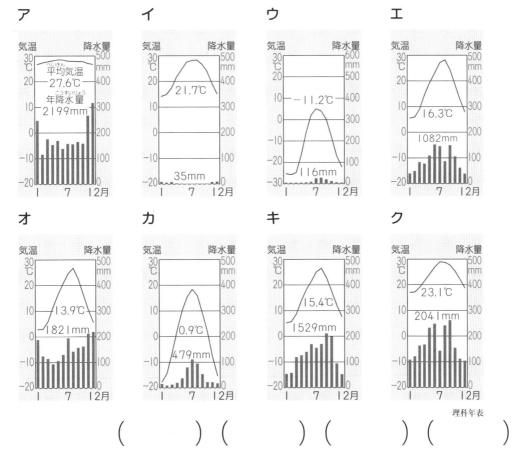

理科年表

（　　　）（　　　）（　　　）（　　　）

1 米作りがさかんな地域と作業

1 米作りがさかんな地域について，次の問いに答えなさい。(20点)

(1) 地図1中の ☐A☐ 地方と ☐B☐ 地方は，米作りがさかんです。☐A☐ と ☐B☐ にあてはまる言葉をそれぞれ書きなさい。(各5点)

A （　　　　　地方）

B （　　　　　地方）

(2) 中部地方にも米の生産量が多い県があります。地図1を見て，その県の名前を書きなさい。(10点)

（　　　　　県）

地図1

米の生産量

2 米どころとして知られる山形県酒田市と東京を比べた次のグラフ1～3を見て，あとの問いに答えなさい。(40点)

グラフ1

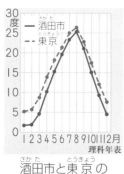

酒田市と東京の
1か月の平均気温の変化

グラフ2

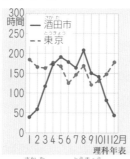

酒田市と東京の
1か月の日照時間の変化

グラフ3

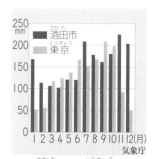

酒田市と東京の
1か月の降水量の変化

(1) グラフ1を見ると，酒田市と東京の夏の気温はあまりかわらないことがわかります。米作りには夏の高温が大切な条件です。夏の高温をもたらす，地図2中に➡で表されている風の名前を何といいますか。書きなさい。(10点)

（　　　　　　　）

地図2

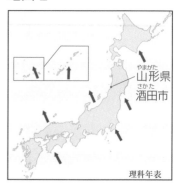

(2) 夏に(1)の風がふいてくる方角を八方位で書きなさい。(10点)

（　　　　　　　）

3 夏の気温が高いこと以外の米作りに大切な条件を，**グラフ2**を参考に，「夏」という言葉を使って説明しなさい。（10点）

(　　　　　　　　　　　　　　　　　　　　　　　　　　　)

4 米作りには春から夏にかけて豊富な水が必要です。酒田市では水をどのようにして得ているのか，**グラフ1**と**グラフ3**を参考に，「雪」という言葉を使って説明しなさい。（10点）

(　　　　　　　　　　　　　　　　　　　　　　　　　　　)

3 米作りのスケジュールを示した次の**図1**を見て，あとの問いに答えなさい。（40点）

図1

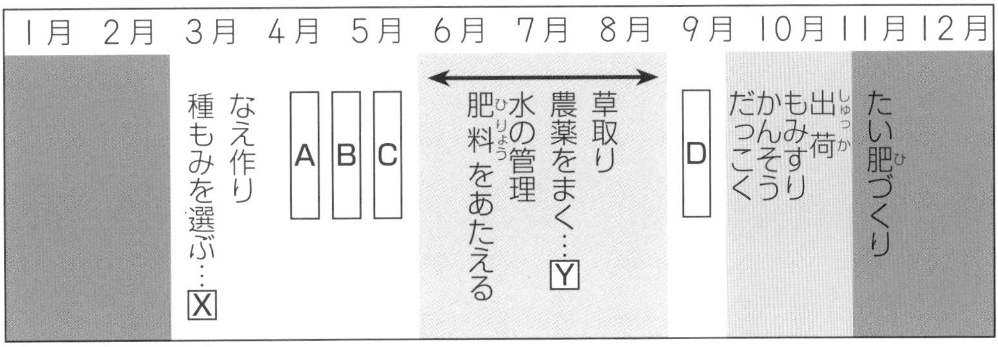

1月	2月	3月	4月	5月	6月	7月	8月	9月	10月	11月	12月

種もみを選ぶ…X　なえ作り　A　B　C　肥料をあたえる　水の管理　農薬をまく…Y　草取り　D　出荷　もみすり　かんそう　だっこく　たい肥づくり

1 図1の　A　～　D　にあてはまる農作業を次の**ア～エ**の中からそれぞれ1つ選び，記号を書きなさい。（各5点）

ア 稲かり　　**イ** 田おこし　　**ウ** 田植え　　**エ** 代かき

A (　　)　B (　　)　C (　　)　D (　　)

2 図2は，図1中のXの「種もみを選ぶ」方法です。図2のアとイのうち，どちらの種もみをなえとして育てますか。記号を書きなさい。（10点）

(　　)

図2
（塩水　ア　イ　ざる）

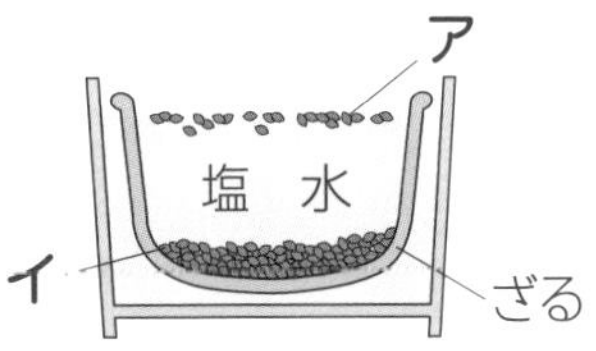

3 図1中のYの「農薬をまく」について，ある農家は，リモコンで操作する小型ヘリコプターを利用しています。小型ヘリコプターを利用する長所としてあてはまらないものを次の**ア～ウ**の中から1つ選び，記号を書きなさい。（10点）

ア 空中から農薬をまくほうが作業時間が早い。

イ だれでも作業が簡単にできる。

ウ 作業中に農薬をすいこむ危険性を減らすことができる。

(　　)

2　米作りのくふう

1 米作りのくふうについて，次の文章を読んで，あとの問いに答えなさい。(60点)

> 　近年，安全でおいしい米作りの取り組みがさかんです。農業試験場では，<u>新しい品種を開発</u>していますが，これまでの寒さに強い品種や多くとれる品種の開発より，味の良い新しい品種の開発が行われています。
>
> 　これまでの米作りでは，収穫量（しゅうかくりょう）を増やすために（　**A**　）や農薬を大量に使っていましたが，人や環境（かんきょう）にあたえるえいきょうが問題になってきました。手間がかかっても，また収穫量が少なくても，安全でおいしい米を消費者（しょうひしゃ）にとどけるために，（　**B**　）を使った土づくりやカモを使った米作りなどの（　**C**　）農法に取り組む農家もあります。

1 文章中の———について，図1のように，ことなる品種をかけ合わせて，新しい品種を開発することを何といいますか。書きなさい。(10点)

（　　　　　　　　　　）

図1

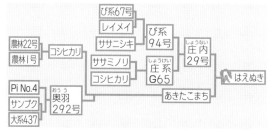

2 文章中の（　**A**　）にあてはまる，人工的に作った肥料（ひりょう）を何といいますか。書きなさい。(10点)

（　　　　　　　　　　）

3 文章中の（　**B**　）にあてはまる，牛やぶたのふんやわらなどを積み重ねてくさらせて作った肥料を何といいますか。書きなさい。(10点)

（　　　　　　　　　　）

4 右の写真は田にアイガモを放している様子です。アイガモ農法に代表される，文章中の（　**C**　）の農法を何といいますか。書きなさい。(10点)

（　　　　　　農法）

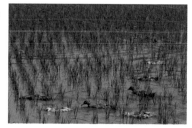

5 **4** の農法の長所と短所を上の文章中の言葉を使って書きなさい。(各10点)

長所（　　　　　　　　　　　　　　　　　　）

短所（　　　　　　　　　　　　　　　　　　）

2 農業の機械化について，次のグラフを見て，あとの問いに答えなさい。(40点)

グラフ1

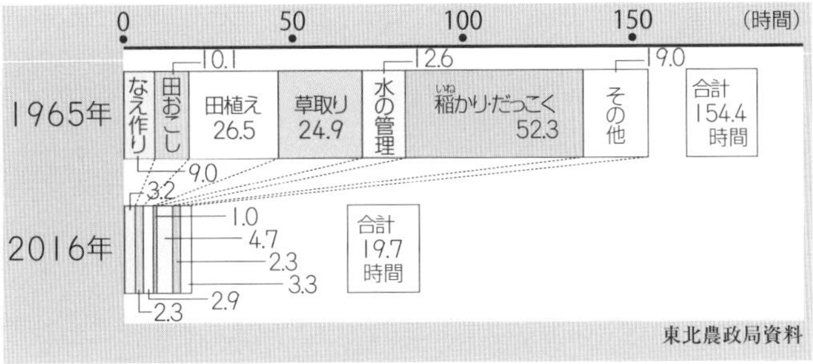

0
50
100
150
(時間)
1965年
なえ作り
田おこし
田植え 26.5
草取り 24.9
水の管理
稲かり・だっこく 52.3
その他
10.1
12.6
19.0
9.0
3.2
合計 154.4時間
2016年
1.0
4.7
2.3
3.3
2.9
2.3
合計 19.7時間
東北農政局資料

山形県の田10a あたりの作業時間の変化

グラフ2

150 (台)
100
50
0
トラクター・耕うん機
田植え機
コンバイン
1970 75 80 85 90 95 2000 05 10 15 (年)
※農家100戸あたりの保有台数
農林水産省資料

農業機械の広まり

1 グラフ1を見ると，1965年に比べ，2016年の作業時間は約8分の1に減っています。最も時間が減った作業に利用している農業機械は何ですか。次の絵から1つ選び，機械名を書きなさい。(10点)

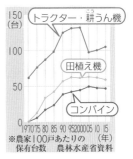

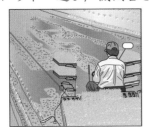

田植え機

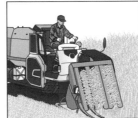

コンバイン

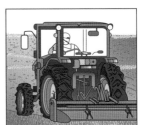

トラクター

(　　　　　　)

2 グラフ2を見ると，田植え機やコンバインは100戸あたり約50～60台しかありません。より多くの農家が所有できるようにするには，農業機械をどのような形式で買えばいいと思いますか。考えられることを書きなさい。(15点)

(　　　　　　　　　　　　　　　　　　　　)

3 次の図2は，ほ場整備(耕地整理)を行う前と後を表しています。農業機械を使いやすくするために，田をどのように変化させたかを書きなさい。(15点)

図2

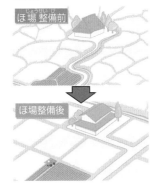

ほ場整備前
ほ場整備後

(　　　　　　　　　　　　　　　　　　　　)

3 米の流通と米作りの未来

学習日　　　月　　日

得点　　　／100点

1　米の流通について，次の図を見て，あとの問いに答えなさい。（40点）

図

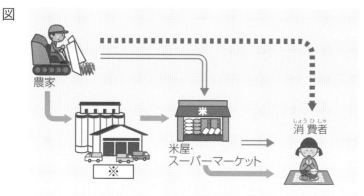

米が農家から消費者にとどくまで

1　図中 ※ の，農家から米を集めて出荷する仕事は主に農業協同組合が行っています。農業協同組合の略称を，アルファベットで書きなさい。（10点）

（　　　　　　　　　　　）

2　農業協同組合は集めた米を出荷するまで，コンピューターによって温度や湿度を管理する建物で保管しています。この建物を何といいますか。書きなさい。

（10点）

（　　　　　　　　　　　）

3　グラフ1は田10aあたりの米の生産にかかる費用を表しています。上の図のように，米が消費者にとどくまでには，ほかにどのような費用が必要になりますか。書きなさい。（20点）

グラフ1

（　　　　　　　　　　　）

2 米作りの問題点について，次の**グラフ2〜4**を見て，あとの問いに答えなさい。

グラフ2

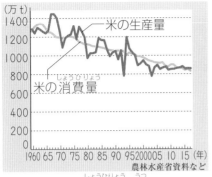

米の生産量と消費量の移り変わり

グラフ3　　　　　　　　　　　　　（60点）

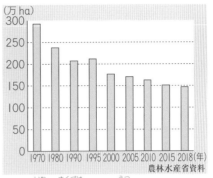

稲の作付面積の移り変わり

グラフ4

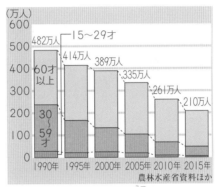

農業で働く人の数の移り変わり

1　**グラフ2**を見ると，米の消費量が年々減っていることがわかります。その理由として正しいものを次の**ア〜ウ**の中から１つ選び，記号を書きなさい。（20点）
　　ア　小麦から作るパンやめん類の消費量が増えたから。
　　イ　国が生産調整をすすめ，米の生産量が減ったから。
　　ウ　外国の米に比べて日本の米の味が良くないから。　　　　（　　　　　）

2　**グラフ2**を見ると，1995年以降，米の生産量が米の消費量を下回っている年が多いことが読み取れます。**グラフ3**から考えられる，米の生産量が減った理由を書きなさい。（20点）

　（　　　　　　　　　　　　　　　　　　　　　　　　　　　　　　　　）

3　**グラフ4**を見て，農業で働く人の数が減っていること以外に気づいたことを書きなさい。（20点）

　（　　　　　　　　　　　　　　　　　　　　　　　　　　　　　　　　）

4 日本の漁業とその変化

1 日本の漁業について，次の問いに答えなさい。（70点）

1 右の地図中**X・Y**の海流を それぞれ何といいますか。書き なさい。（各10点）

地図

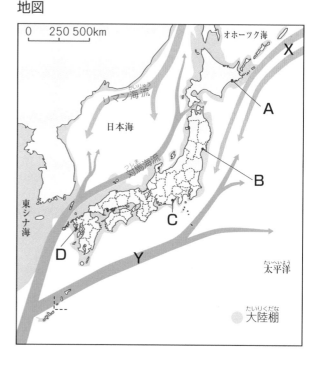

X （　　　　　　　　）

Y （　　　　　　　　）

2 **X**と**Y**の海流がぶつかり合う ことでプランクトンがたくさん 発生し，寒流と暖流の両方か ら魚が集まる海域を何といいま すか。書きなさい。（10点）

（　　　　　　　　）

3 1・2の特色を持つ漁港を次 の**ア〜エ**の中から，また，その 漁港の位置を右の地図中**A〜D**

の中から，それぞれ1つずつ選び，記号を書きなさい。（各5点）

ア 銚子漁港　　**イ** 長崎漁港　　**ウ** 焼津漁港　　**エ** 石巻漁港

1. 東シナ海の漁業の基地で，あじ・さばの水あげ量が多い。

漁港名 （　　　　　　） 位置 （　　　　　　）

2. 遠洋漁業の基地で，かつおやまぐろが主に水あげされる。

漁港名 （　　　　　　） 位置 （　　　　　　）

4 日本のまわりには深さ200ｍ位 までの大陸棚が広がり，魚が集まる 良い漁場となっています。その理由 を右の図を参考に，「太陽の光」「プ ランクトン」という言葉を使って説 明しなさい。（10点）

図

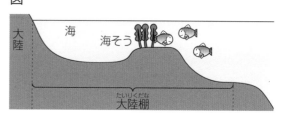

[　　　　　　　　　　　　　　　　　　　　　　　　　　]

5 次の魚をとるのに最も適した漁法の図をあとの**ア～エ**の中からそれぞれ｜つ
選び，記号を書きなさい。(各5点)

V：群れで泳ぐあじやいわし

W：浅い海の海底近くにいるたいやひらめ

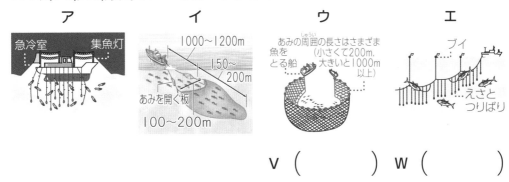

ア　イ　ウ　エ

V （　　　　） W （　　　　）

---

2 右の**グラフ**を見て，次の問いに答えなさい。(30点)

1 グラフから読み取れることを説明した文として正しいものを，次の**ア～ウ**の中
から｜つ選び，記号を書きなさい。(10点)

　ア 1970年から2017
　年まで，沖合漁業の
　生産量が常に最も多
　い。

　イ 遠洋漁業の生産量は
　1970年代後半と
　1990年前後に大
　きく減っている。

　ウ 沿岸漁業は生産量が
　安定しており，漁業
　別の順位にも変化が
　見られない。

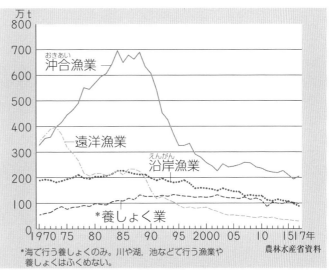

グラフ

日本の漁業別生産量の変化

（　　　　　）

---

2 世界の多くの国が200海里水域を設定したことで最も大きくえいきょうを受
けた漁業の種類を答えたうえで，その理由を説明しなさい。(各10点)

漁業の種類 （　　　　　　　　　）

理由 （　　　　　　　　　　　　　　）

5　漁業を支えるしくみと魚かい類の輸入

1 つくり育てる漁業について，次の問いに答えなさい。（50点）

❶　右の図を参考に，栽培漁業と養しょく業について説明した文として正しいものを，次の**ア・イ**の中からそれぞれ1つ選び，記号を書きなさい。

（各5点）

ア　魚市場に出荷するために，いけすの中で魚や貝を育てる。

イ　魚を増やすために，たまごをかえし，稚魚に育てて，海や川に放す。

図

のりの養しょく　　かきの養しょく　はまちの養しょく

たまごをかえし，稚魚に育てる。

稚魚を放す。

魚が集まりやすい場所を人工的につくる。

さまざまな「つくり育てる漁業」

栽培漁業（　　　　　）　養しょく業（　　　　　）

❷　右の写真は，養しょくの魚にえさをあたえているところです。えさをあたえるときに，とくに気をつけなければならないことは何ですか。「多く」「よごれ」という言葉を使って説明しなさい。

（20点）

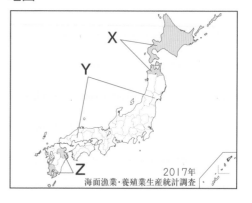

（　　　　　　　　　　　　　　　　）

❸　養しょくに適した魚を次の**ア〜エ**の中から1つ選び，記号を書きなさい。（5点）

ア　いわし　　**イ**　たい　　**ウ**　かつお　　**エ**　いか

（　　　　　）

❹　右の地図中の**X〜Z**で養しょくがさかんな水産物を次の**ア〜ウ**の中からそれぞれ1つ選び，記号を書きなさい。

（各5点）

ア　かき類　　　**イ**　ぶり類

ウ　ほたて貝

地図

X（　　　　　）Y（　　　　　）

Z（　　　　　）

2017年
海面漁業・養殖業生産統計調査

32

2 水産物が消費者にとどくまでについて，次の問いに答えなさい。(50点)

1 水あげされた水産物は，主に魚市場でせりという方法で取り引きされています。せりについて説明した文として正しいものを，次の**ア〜ウ**の中から１つ選び，記号を書きなさい。(10点)

ア 最も高い価格を示した人がその水産物を買うことができる。

イ 買いたい人たちで話し合って，その水産物の価格を決める。

ウ 売る人が決めた価格より高い価格を示した人たちで，その水産物を分ける。

( )

2 地方の漁港から東京などの卸売市場に新鮮な魚を運ぶくふうとして実用化されていないものを，次の**ア〜ウ**の中から１つ選び，記号を書きなさい。(10点)

ア 長いきょりを短時間で運べる飛行機を利用することもある。

イ 貨物列車用の大型の冷蔵コンテナを利用し，新幹線で運ぶ。

ウ 高速道路を利用して，保冷車で運ぶ。

( )

3 新鮮な魚を市場にとどけることは，消費者が新鮮でおいしい魚を食べることができるとともに，漁業で働く人々にとって，どのようなことが期待できますか。説明しなさい。(20点)

( )

4 右のグラフは日本の魚かい類の消費量・生産量・輸入量の変化を示しており，生産量の減少を輸入量でおぎなっていることがわかります。魚かい類の輸入量の増加によるえいきょうについて述べた文として最も適当なものを，次の**ア〜ウ**の中から１つ選び，記号を書きなさい。
(10点)

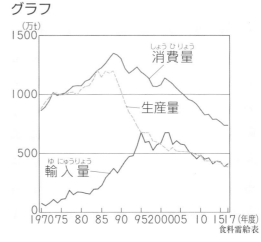

グラフ

ア 輸入魚かい類に対する警戒が強く，日本国内での魚かい類の消費量が減少する。

イ 輸入相手国の人々がその魚かい類をあまり食べられなくなることがある。

ウ 消費者は魚かい類に対して高い価格を支払わなければならなくなる。

( )

6　いろいろな農産物

1　畜産業について，次の資料 1，2 を見て，あとの問いに答えなさい。(60点)

資料 1　　　　　　　　　　　　　　　　資料 2

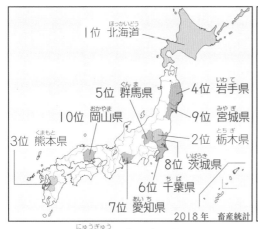

乳牛の多いところ　　　　　　　　　　肉牛の多いところ

1　牛乳や乳製品を生産することを目的に乳牛を飼う農業を何といいますか。書きなさい。(10点)

（　　　　　　　　　　）

2　北海道で乳牛の飼育がさかんな理由としてまちがっているものを次のア〜ウの中から 1 つ選び，記号を書きなさい。(10点)

ア　乳牛は暑さに弱い品種が多いから。
イ　北海道は広い牧草地が確保できるから。
ウ　北海道は牛乳や乳製品の大消費地に近いから。

（　　　　　　）

3　九州地方で肉牛の飼育がさかんな理由について述べた次の文中 X，Y の（　　）内のア，イの中から正しいほうを選び，記号を書きなさい。(各5点)

九州地方の南部は，X（ア：水もち　イ：水はけ）の悪い Y（ア：火山灰土　イ：さんご質の土）が広く分布しており，稲作や畑作に向いていないため，畜産に力を入れるようになった。

X（　　　　　）Y（　　　　　）

4　たまご用にわとりは，大都市近郊の県で飼育がさかんです。その理由を「安い」という言葉を使って説明しなさい。(20点)

（　　　　　　　　　　　　　　　　　　　　　）

5 畜産農家のなやみとしてまちがっているものを次の**ア〜ウ**の中から１つ選び，記号を書きなさい。（10点）

ア えさを輸入にたよっており，えさ代の負担が大きい。

イ 家畜の世話には休みがないうえに重労働で，働く人の高齢化が進んでいる。

ウ 日本国内での肉類の消費量が，年々減少している。　　　　　　（　　　　）

2 加工することで食品や工業製品となる工芸作物について，次の問いに答えなさい。

（40点）

1 次の**グラフ１**は茶の生産量上位県とその割合を表したもの，**グラフ２・３**は静岡県と鹿児島県の県庁所在都市の雨温図です。**グラフ２・３**に共通する気候の特徴を説明しなさい。（15点）

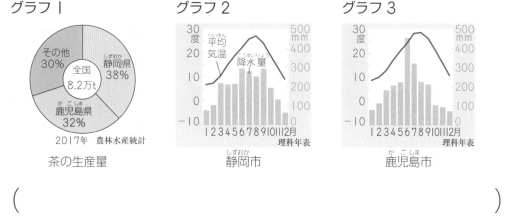

グラフ１　茶の生産量

グラフ２　静岡市

グラフ３　鹿児島市

（　　　　　　　　　　　　　　　　　　　　　　　　　　　　）

2 さとうの原料には，さとうきびとてんさいがあります。生産量が最も多い都道府県の名前をそれぞれ１つ書きなさい。（各5点）

さとうきび（　　　　　　　　）　てんさい（　　　　　　　　）

3 次の１〜３の工芸作物の用途をあとの**ア〜ウ**の中からそれぞれ１つ選び，記号を書きなさい。（各5点）

１. こうぞ　　　　　２. ゆうがお 　　　　　３. なたね

ア 種をしぼって，主に食用油をつくる。

イ 皮のせんいを利用して，和紙をつくる。

ウ 実を細長くむいて，かんぴょうをつくる。

１.（　　　）２.（　　　）３.（　　　）

学習日

月　日

得点

／100点

7　米・小麦と主な野菜の産地

1 米と小麦について，次の問いに答えなさい。(35点)

① 右の**地図丨**は米の生産量上位4道県を表
しています。それぞれの道県で米の生産がさ
かんな地域を次の**ア〜エ**の中からそれぞれ丨
つ選び，記号を書きなさい。(各5点)

ア 秋田平野　　**イ** 越後平野
ウ 石狩平野　　**エ** 庄内平野

丨位 (　　　) 2位 (　　　)

3位 (　　　) 4位 (　　　)

地図丨

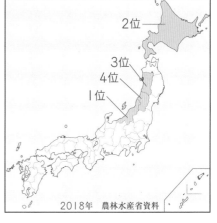

2018年　農林水産省資料

② 次の**グラフ**は小麦の生産量にしめる北海道
の生産量割合を表しています。北海道で小麦の生産がさかんな平野の位置を**地図
2**中の**ア〜ウ**の中から丨つ選び，記号を書きなさい。(15点)

グラフ

2018年　農林水産省資料

地図2

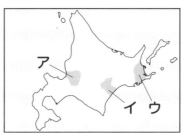

(　　　)

2 主な野菜などの産地について，次の問いに答えなさい。(65点)

① 次の丨〜3のグラフは，ある農産物の生産量上位道県の割合を表しています。
あてはまる農産物をあとの**ア〜ウ**の中からそれぞれ丨つ選び，記号を書きなさい。

(各5点)

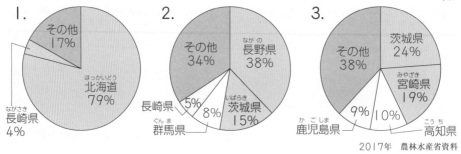

ア レタス　　**イ** じゃがいも　　**ウ** ピーマン

丨. (　　　) 2. (　　　) 3. (　　　)

2 次の１～４の地図は，ある農産物の生産量上位５道県を表しています。あてはまる農産物をあとの**ア～エ**の中からそれぞれ１つ選び，記号を書きなさい。

(各１０点)

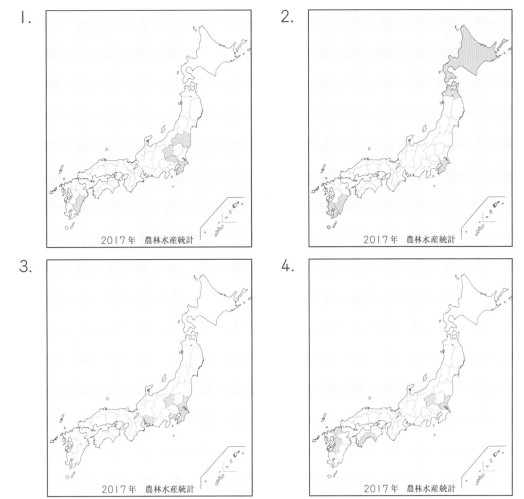

ア なす　　**イ** だいこん　　**ウ** キャベツ　　**エ** きゅうり

１.（　　　　）２.（　　　　）３.（　　　　）４.（　　　　）

3 北海道で野菜の生産がさかんな理由を，次の経営耕地規模別の販売農家の割合を示したグラフを参考に説明しなさい。（１０点）

（　　　　　　　　　　　　　　　　　　　　　　　　　　　　）

8 主な果物・花の産地

学習日

月　日

得点

／100点

1 果物の産地について，次の問いに答えなさい。(60点)

1 右のグラフはすずしい気候が栽培に適する
ある果物の県別生産割合を表しています。この
果物の名前とグラフ中の**X**にあてはまる県の
名前を書きなさい。(各5点)

その他 12%
岩手県 5%
山形県 6%
長野県 20%
X 57%

2017年　農林水産省資料

果物 (　　　　　　　　　　)

県 (　　　　　　　県)

2 次の1，2の地図は，ある果物の生産量上位5県を表しています。あてはま
る果物の名前を書きなさい。(各5点)

1.

2017年　農林水産省資料

2.

2017年　農林水産省資料

1. (　　　　　　　) 2. (　　　　　　　)

3 次の1，2のグラフは，ある果物の生産量上位県の割合を表しています。あて
はまる果物をあとの**ア〜エ**の中からそれぞれ1つ選び，記号を書きなさい。

(各10点)

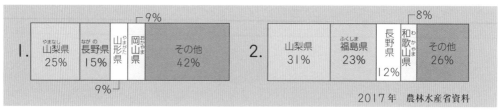

1. 山梨県 25%　長野県 15%　山形県　岡山県　その他 42%　9%　9%

2. 山梨県 31%　福島県 23%　長野県 12%　和歌山県　その他 26%　8%

2017年　農林水産省資料

ア ぶどう　**イ** かき　**ウ** もも　**エ** おうとう(さくらんぼ)

1. (　　　) 2. (　　　)

4 3のグラフ1，2の果物は，生産量上位県が似通って
いて，主に盆地で栽培されています。右の山梨県の県庁
所在都市の雨温図も参考に，これらの果物の栽培に適した
条件を「水はけ」「雨」という言葉を使って説明しなさい。
（20点）

（ ）

2 花の生産地について，次の問いに答えなさい。（40点）

1 右の地図は花の都道府県別の生産額の上
位県を表しています。花は長持ちがしない
ため，何よりも新鮮さが要求されます。花
の生産がさかんな地図中の上位5県に共
通する特色を説明しなさい。（10点）

地図

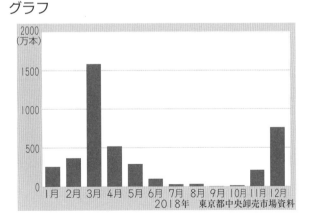

[ ]

2 花や果物などの新鮮さを保つため，一定の温度で冷やしながら生産地から
消費地に運ぶしくみを何といいますか。カタカナで書きなさい。（10点）

（ ）

3 沖縄県はきくの栽培がさかん
です。きくは開花時期が秋の品
種が多い花です。沖縄県できく
の生産がさかんな理由を，沖縄
県が東京都中央卸売市場に
出荷する月別のきくの量を表
した右のグラフを参考に，「気
候」「高値」という言葉を使っ
て説明しなさい。（20点）

グラフ

[ ]

9　食料生産のくふう

1 野菜作りのくふうについて, 次のグラフ1, 2を見て, あとの問いに答えなさい。

(55点)

グラフ1

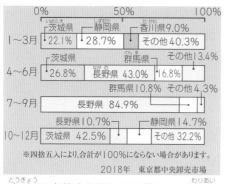

東京に出荷されるレタス類の県別割合

グラフ2

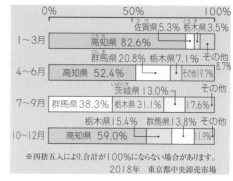

東京に出荷されるなすの県別割合

1 グラフ1について, レタスは強い日ざしや高い温度が苦手な野菜で, 冬は平地の多い茨城県や静岡県が東京に出荷される主な産地です。夏に長野県が主な産地となる理由を説明しなさい。(20点)

(　　　　　　　　　　　　　　　　　　　　　　　　　　)

2 グラフ2について, 次の問いに答えなさい。

1. なすはあたたかい気候に適した野菜で, 主に夏に各地で作られています。秋から春にかけて高知県でなすを栽培するときに利用している, 右の写真に見える設備を何といいますか。書きなさい。(10点)

(　　　　　　　　　)

2. 高知県で野菜作りをしている農家は, 石油の価格が上がるともうけが減ります。このような農家では, 石油を主に何に使っていますか。書きなさい。(10点)

(　　　　　　　　　　　　　　　　　　　　　　　　　　)

3 グラフ1の長野県やグラフ2の高知県が, ほかの地域とは時期をずらして野菜を出荷するのはなぜですか。説明しなさい。(15点)

(　　　　　　　　　　　　　　　　　　　　　　　　　　)

2 野菜を消費者にとどけるくふうについて，次の文章を読んで，あとの問いに答えなさい。(45点)

> 店の売り場には，各地から送られてきた新鮮な野菜がならんでいます。これは，⒜輸送機関の発達により，⒤消費地まで，野菜を新鮮なままとどけられるしくみがととのったり，輸送時間が短縮したりした成果だといえます。また，消費者の要望にこたえて，野菜に⒰くわしい表示をつけたり，⒠新鮮な地元の野菜を積極的に仕入れたりする店も増えています。

1　文章中の───⒜について，次の１～３の輸送機関の長所をあとの**ア～ウ**の中からそれぞれ１つ選び，記号を書きなさい。(各5点)

１．自動車　　２．船　　３．飛行機

ア　大量の品物を安く運べる。

イ　消費地まで品物を直接運べる。

ウ　短い時間で品物を遠くまで運べる。

１. (　　　) 2. (　　　) 3. (　　　)

2　文章中の───⒤について説明した次の文中の（　**X**　），（　**Y**　）にあてはまる言葉をあとの**ア～オ**の中からそれぞれ１つ選び，記号を書きなさい。(各5点)

> 出荷場に集められた野菜は（　**X**　）庫で冷やされ，そこから（　**Y**　）車に積みこまれて，一定の温度を保ったまま消費地に運ばれる。

ア　冷蔵　　**イ**　保冷　　**ウ**　保温　　**エ**　冷凍　　**オ**　予冷

X (　　　) Y (　　　)

3　文章中の───⒰について，右のような表示の内容として適当なものを次の**ア～ウ**の中から１つ選び，記号を書きなさい。(10点)

ア　野菜を作った人の顔写真と名前。

イ　野菜が作られている地域の観光名所。

ウ　野菜が作られている地域までの交通手段。

はくさい　¼切138円

わたしが作った安心安全なはくさいです。

茨城県　○山△太

(　　　)

4　文章中の───⒠について，このような動きを表す次の言葉の，○に共通してあてはまる漢字を書きなさい。(10点)

「○産○消」

(　　　)

10 食料生産の未来

1　食料生産の未来について, 次の**グラフ**を見て, あとの問いに答えなさい。(60点)

グラフ1

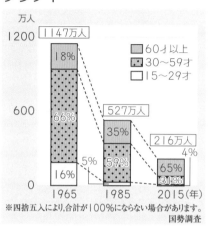

※四捨五入により, 合計が100％にならない場合があります。
国勢調査

グラフ2

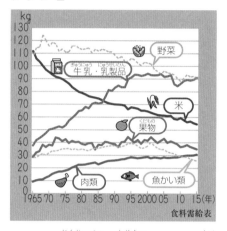

食料需給表

1　**グラフ1**は, 農業や漁業の仕事をする人の数と年齢別の割合の変化を示しています。「人数」「年齢別の割合」について, **グラフ1**から読み取れるそれぞれの変化を説明しなさい。(各15点)

人数　(　　　　　　　　　　　　　　　　　　　　)

年齢別の割合　(　　　　　　　　　　　　　　　　　　)

2　**グラフ2**は, 国民1人が1年間で手に入れる食料の量の変化を示しています。これを見ると, 牛乳・乳製品と肉類は1965年に比べて2015年のほうが手に入れる量が大きく増えたことがわかります。これらの食料を手に入れる量が増えたのは, 日本人の食生活がどのように変わったからですか。説明しなさい。(20点)

(　　　　　　　　　　　　　　　　　　　　　　　　　)

3　右の**グラフ3**は食料輸入額の変化を示しています。食料の輸入が増えた理由としてまちがっているものを次の**ア〜ウ**の中から1つ選び, 記号を書きなさい。(10点)

ア　輸入するほうが安い場合が増えたから。
イ　外国の食料のほうが安全性が高いから。
ウ　日本で品薄の季節でも食料が手に入るから。

(　　　)

グラフ3

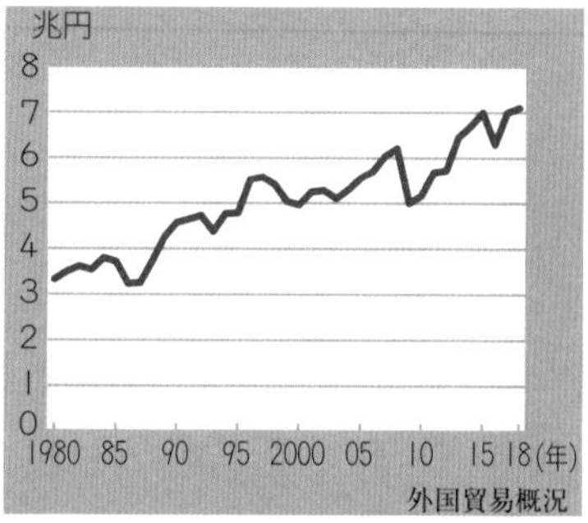

外国貿易概況

2 農業の新しい取り組みについて，次の問いに答えなさい。(40点)

1 次の文章中の（ **X** ）にあてはまる，稲のくきをほしたものを何といいますか。また，（ **Y** ）にあてはまる，家畜のふんにょうを利用した肥料を何といいますか。それぞれ書きなさい。(各10点)

右の図は循環型農業のしくみを表したものです。稲かりで出た（ **X** ）を畜産に利用し，家畜のふんにょうを（ **Y** ）として田に使用することで，生産で出てくるものをごみにしないで再利用し続ける農業であることがわかります。

X（　　　　　　　　　　）　Y（　　　　　　　　　　）

2 右の写真は，植物工場での野菜作りの様子です。植物工場では，栄養分をふくんだ水を使った水耕栽培によって，コンピューターで温度や湿度を管理した建物の中で作物を育てます。植物工場での野菜作りの長所としてまちがっているものを次の**ア～ウ**の中から1つ選び，記号を書きなさい。

(10点)

ア 害虫がつきにくいので，農薬を使わず，安全な野菜が生産できる。
イ 建物の中で育てるので，季節や天候に関係なく，安定して野菜が生産できる。
ウ 土や肥料を使わないので，費用がかからず，安く生産できる。

（　　　　）

3 右の図は牛肉のパックにはられているラベルの例です。わくで囲んだ部分に書かれた10けたの数字をもとに調べれば，その牛についてくわしく知ることができます。トレーサビリティというこのしくみの目的として正しいものを次の**ア～ウ**の中から1つ選び，記号を書きなさい。(10点)
ア 安全性や表示の信頼性を高めるため。
イ 生産者が自分の育てた牛の記録を残すため。
ウ 海外に輸出するとき，品質を宣伝するため。

図

黒毛和牛肩ロースすき焼き用

個体識別番号　1030189999

加工日　20.6.17
消費期限　20.6.19

0 234512 345601 1212
スーパー・・・・
980

（　　　　）

11　日本の食料と世界

学習日　　月　　日
得点　　／100点

1　食料自給率について，次の問いに答えなさい。(70点)

1　食料自給率の説明として正しいものを次の**ア**～**ウ**の中から１つ選び，記号を書きなさい。(10点)

ア　国内で生産する量のうちの海外に輸出する量のしめる割合。
イ　国内で消費する量のうちの国内で生産する量のしめる割合。
ウ　国内で消費する量のうちの海外から輸入する量にたよる割合。

(　　　　)

2　右の**グラフ１**は主な国の食料自給率の変化を示しています。これを見て，次の問いに答えなさい。

グラフ１

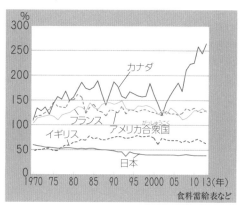

%
300
250
200
150
100
50
0
1970
75
80
85
90
95
2000
05
10
13(年)
カナダ
フランス
アメリカ合衆国
イギリス
日本
食料需給表など

1．**グラフ１**中で，国内の生産量で国内の消費量をまかなえ，あまった食料を輸出することが十分に可能な国をすべて書きなさい。(完答10点)

(　　　　　　　　　　)

2．現在の日本の食料自給率は約何％ですか。次の**ア**～**エ**の中から１つ選び，記号を書きなさい。(10点)

ア　約20％　　　**イ**　約30％
ウ　約40％　　　**エ**　約60％

(　　　　)

3　右の**グラフ２**は，日本の主な食料の自給率を示しています。これを見て，次の問いに答えなさい。

グラフ２

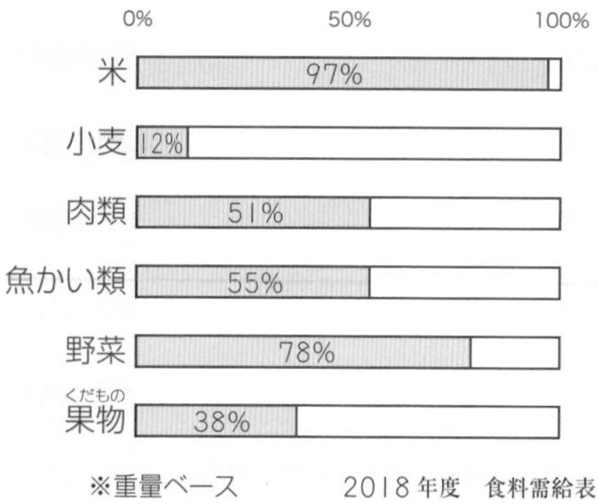

0%
50%
100%
米
97%
小麦
12%
肉類
51%
魚かい類
55%
野菜
78%
果物
38%
※重量ベース
2018年度　食料需給表

1．**グラフ２**中で，自給率が最も低い食料を書きなさい。(5点)

(　　　　　　)

2．**グラフ２**中で，自給率が２番目に高い食料を書きなさい。(5点)

(　　　　　　)

3．**グラフ２**中で，主に冷凍で輸入される食料を２つ書きなさい。(各5点)

(　　　　　　)(　　　　　　)

4 食料自給率が低下することによって心配されることとしてまちがっているものを次の**ア〜ウ**の中から１つ選び，記号を書きなさい。（10点）

ア　日本で禁止されている農薬の使用など，安全性に不安が生まれる。

イ　外国産の食品が増え，家庭で和食がつくれなくなる心配がある。

ウ　外国で不作が続くと，じゅうぶんに輸入できなくなるおそれがある。

（　　　　　）

5 外国から安い食料が大量に輸入されることで，農業や漁業で働く人々が心配していることはどのようなことですか。説明しなさい。（10点）

（　　　　　　　　　　　　　　　　　　　　　　　　　　　　　　　　　　）

2 食料をめぐる世界の状況について，次の問いに答えなさい。（30点）

1 東南アジアのインドネシアやタイでは，洪水や土砂くずれを防ぎ，さまざまな生物のすみかとなっているマングローブの林が減っています。次の写真を見て，その理由を説明しなさい。（15点）

東南アジアのえびの養しょく場

（　　　　　　　　　　　　　　　　　　　　　　　　　　　　　　　　　　）

2 右の**グラフ３**は，世界の人口と耕地面積の変化を示しています。**グラフ３**を見ると，人口が増え続けているのに対し，耕地面積はほとんど変化がありません。こうした変化から予測される食料についての問題を説明しなさい。（15点）

グラフ３

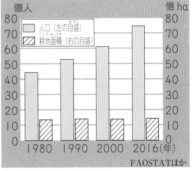

グレードアップ問題

1　　消費量にしめる国内での生産量の割合を自給率といいます。食料自給率や食料の輸入について，次の問いに答えなさい。(55点)

① グラフIは小麦・肉類・果物・大豆の自給率の変化，グラフIIは大豆以外の主な輸入相手国と割合（金額ベース）を表しています。あとの小麦・肉類・果物に関する文章を読み，グラフIのア〜ウ，グラフIIのX〜Zからそれぞれあてはまるものを１つ選び，記号を書きなさい。(各5点)

グラフI

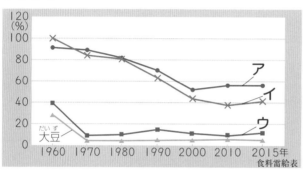

グラフII

１．小麦

　小麦は収穫時期の気温が高く雨が多いと品質が下がってしまいます。小麦の収穫時期は日本ではつゆの時期にあたるため，日本では小麦の栽培があまりさかんではありません。国内生産量の約６割はつゆのえいきょうの少ない北海道で生産されますが，消費量のほとんどを輸入にたよっています。

グラフI（　　　　　）グラフII（　　　　　）

２．肉類

　牛肉が1991年に輸入が自由化され，自給率は大きく低下しました。アメリカ合衆国（アメリカ）で2003年にBSEが発生したことで，一時期アメリカ産牛肉の輸入は禁止されていました。現在，肉類の自給率は少し持ち直しています。

グラフI（　　　　　）グラフII（　　　　　）

3. 果物

1991年のオレンジの輸入自由化は，日本のみかん農家に大きな打撃^{だげき}をあたえました。現在，日本で最も多く消費されている果物はバナナですが，輸送手段^{だん}の発達などにより，近年はさまざまな熱帯の果物などの輸入も進んでおり，現在，果物の自給率は50%を下回っています。

グラフⅠ （　　　）　グラフⅡ （　　　）

 2　グラフⅠで最も自給率が低い大豆は「畑の肉」といわれています。大豆を加工してできる食品にはどのようなものがありますか。1つ書きなさい。（5点）

（　　　　　　　）

3　日本国内で消費されるかぼちゃの3割程度^{ていど}は，外国産のかぼちゃです。東京^{とうきょう}都中央卸売^{おろしうり}市場では，日本産のかぼちゃの入荷量が少ない時期にニュージーランド産のかぼちゃの入荷量が多くなっています。日本のかぼちゃの主産地である北海道の和寒^{わっさむ}と，ニュージーランドのかぼちゃの主産地であるギスボーンの気温の変化を示^{しめ}した**グラフⅢ**を参考に，日本産が少ない時期にニュージーランドがかぼちゃを出荷できる理由を，「季節」という言葉を使って説明しなさい。（10点）

グラフⅢ

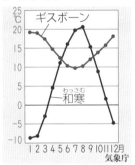

（　　　　　　　　　　　　　　　　）

4　日本はとうもろこしをほぼ100%輸入にたよっており，その多くをアメリカから輸入しています。アメリカが自然災害^{さいがい}などで大きな被害^{ひがい}を受け，とうもろこしの輸出量が減^へった場合，日本ではたまごの価格^{かかく}が上がることが予測^{よそく}されます。たまごの価格が上がる理由を説明しなさい。（10点）

グレードアップ問題は次ページに続きます。

2 日本の農業の特色と世界の農業について，次の問いに答えなさい。(20点)

1 右の**グラフ**は，新しく農業をはじめた人の数と年齢別割合の変化を表しています。最も割合が高い60才以上の人は主にどのような人と考えられますか。最も考えられることを簡単に説明しなさい。(5点)

グラフ

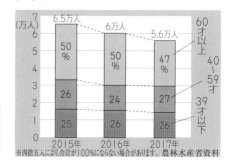

※四捨五入により,合計が100%にならない場合があります。農林水産省資料

[   ]

2 右の図は中華人民共和国（中国）・日本・アメリカにおいて，耕地100ｈａあたりの農業で働いている人数を表しています。この図を見て考えられることを述べた次の文の2つの（　　）に共通してあてはまる言葉を書きなさい。(5点)

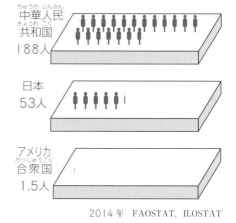

2014年 FAOSTAT, ILOSTAT

> 中国よりも，日本やアメリカのほうが（　　）化が進んでおり，日本よりもアメリカのほうが農作業に大型の（　　）が用いられていると考えられる。

（　　　　　　）

3 あとの表は，日本，中国，アメリカ，ブラジルのいずれかの，耕地１haあたりの肥料消費量と１haあたりの穀物生産量を表しています。次のヒントを参考に，日本にあたるものを表中の**ア〜エ**の中から１つ選び，記号を書きなさい。

(10点)

○１haあたりの肥料消費量に対する穀物生産量が最も少ないのは中国である。
○１haあたりの肥料消費量に対する穀物生産量が最も多いのはアメリカである。
○ブラジルより１haあたりの肥料消費量が多い国は２か国ある。

	ア	イ	ウ	エ
１haあたりの肥料消費量	128kg	268kg	262kg	390kg
１haあたりの穀物生産量	8781kg	6049kg	5210kg	6029kg

2017年 FAOSTAT

（　　）

3 日本の漁業について，次の問いに答えなさい。（25点）

1　主な漁港の水あげ量を表した
右の地図を見て，次の問いに答
えなさい。

地図

　1. 地図中で最も水あげ量が多
　　い漁港が位置する都道府県名
　　を書きなさい。（5点）

　　　（　　　　　　　　　）

　2. 北海道の紋別港や網走港
　　が面している地図中のXの海
　　を何といいますか。書きなさい。
　　　　　　　　　　　　　（5点）

　　　（　　　　　　　　　）

　3. 東北地方の太平洋側には，水あげ量の多い漁港が連なっています。この水域
　　で魚が多く水あげされる理由を説明しなさい。（10点）

　　（　　　　　　　　　　　　　　　　　　　　　　　　　　　　　　）

2　次のグラフは宮城県の漁業について，2008年を100とした場合の2013
年の割合を表しています。宮城県の漁業がすべての項目において，この5年間
で大きく割合が低下した理由を説明しなさい。（5点）

グラフ

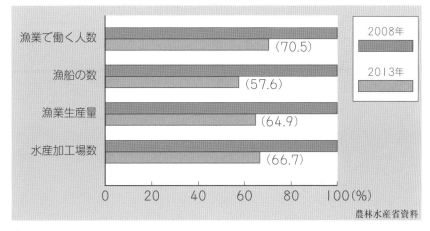

　〔　　　　　　　　　　　　　　　　　　　　　　　　　　　　　　　〕

1 工業の種類と日本の工業の特徴

1 工業について，次の資料を見て，あとの問いに答えなさい。(40点)

資料1　　　　　　　　　　　資料2

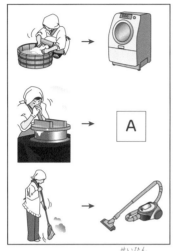

1 資料1は，工業製品の広まりによってくらしが変化したことを表しています。
Aにあてはまる工業製品を，次のア～エの中から1つ選び，記号を書きなさい。

(10点)

　ア　せん風機　　　イ　すいはん器　　　ウ　エアコン　　　エ　電子レンジ

（　　　　　）

2 資料2は，工業がいろいろな種類に分けられることを表しています。タオル
やテレビを製造する工業はそれぞれ何工業にあたりますか。次のア～オの中から
それぞれ1つ選び，記号を書きなさい。(各10点)

　ア　機械工業　　　イ　金属工業　　　ウ　化学工業　　　エ　食料品工業

　オ　せんい工業

タオル（　　　　　）　　テレビ（　　　　　）

3 右の地図1中のXは，かつて，ヨーロッパ
の国々やアメリカ合衆国などの国に追いつこ
うと，政府がつくった官営の製鉄所を表してい
ます。Xの製鉄所を何といいますか。書きなさ
い。(10点)

（　　　　　）

地図1

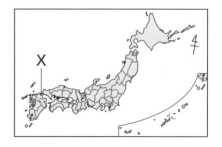

50

2 日本の工業について，あとの問いに答えなさい。(60点)

グラフ1

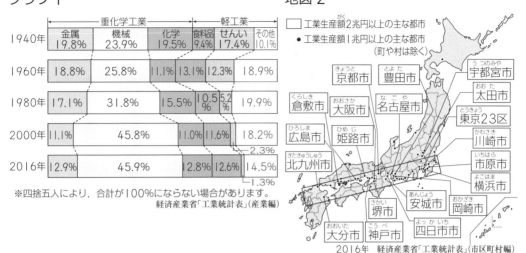

	重化学工業			軽工業		
	金属	機械	化学	食料品	せんい	その他
1940年	19.8%	23.9%	19.5%	9.4%	17.4%	10.1%
1960年	18.8%	25.8%	11.1%	13.1%	12.3%	18.9%
1980年	17.1%	31.8%	15.5%	10.5%	5.2%	19.9%
2000年	11.1%	45.8%	11.0%	11.6%		18.2%
2016年	12.9%	45.9%	12.8%	12.6%		14.5%

2000年 2.3%
2016年 1.3%

※四捨五入により，合計が100%にならない場合があります。

経済産業省「工業統計表」(産業編)

地図2

☐ 工業生産額2兆円以上の主な都市
● 工業生産額1兆円以上の主な都市
（町や村は除く）

宇都宮市
太田市
東京23区
川崎市
市原市
横浜市
豊田市
名古屋市
姫路市
大阪市
京都市
倉敷市
広島市
北九州市
堺市
安城市
岡崎市
四日市市
大分市　神戸市

2016年　経済産業省「工業統計表」(市区町村編)

1 グラフ1は，工業生産額の内訳の変化を表しています。グラフ1からわかる日本の工業の変化を，「増加」「減少」という言葉を使って説明しなさい。(10点)

（　　　　　　　　　　　　　　　　　　　　　　　）

2 地図2を見ると，工業のさかんな都市が☐☐☐☐☐で囲んだ地域に集まっていることがわかります。☐☐☐☐☐で囲んだ地域を何といいますか。書きなさい。(10点)

（　　　　　　　　　　　　　　　　　　　）

3 2の一帯に工業がさかんな都市が集まっている理由を，「輸送」という言葉を使って説明しなさい。(20点)

（　　　　　　　　　　　　　　　　　　　　　　　）

4 右のグラフ2は，主な工業原料の輸入の割合を表したもので，A〜Cは，原油（石油），木材，天然ゴムのいずれかにあたります。木材を表したグラフを，A〜Cの中から1つ選び，記号を書きなさい。(10点)

グラフ2

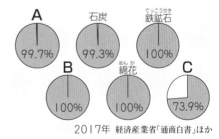

A 99.7%
石炭 99.3%
鉄鉱石 100%
B 100%
綿花 100%
C 73.9%

2017年　経済産業省「通商白書」ほか

（　　　　）

5 グラフ2から，日本は工業原料の大半を海外から輸入していることがわかります。輸入した工業原料を加工し，製品を輸出する貿易を何といいますか。書きなさい。(10点)

（　　　　　　　　　　　　　　　　　　）

51

2　重化学工業—自動車工業—

1　自動車工業の生産について，あとの問いに答えなさい。（60点）

資料1

自動車に使われる主な材料

[X]…ボディ（車体）など

プラスチック…燃料タンク，室内の部材など

ゴム…タイヤなど

ガラス…まどガラスなど

アルミニウム…タイヤのホイール，ボディなど

資料2

| A |
| B |
| C |
| エンジン・足まわり部品をつくる |
| 関連工場で部品をつくる |
| D |
| 検査 |
| 輸送 |
| 販売 |

資料3

組み立て工場

部品をつくる工場

小さな部品をつくる工場

細かな部品をつくる工場

1　資料1は，自動車に使われる主な材料を表しています。資料1中のXにあてはまる材料を書きなさい。（10点）

（　　　　　　　　　　）

2　自動車を生産する流れを表した資料2中の（　A　）〜（　D　）にあてはまる言葉を，次のア〜エの中からそれぞれ1つ選び，記号を書きなさい。（各5点）

ア　組み立て　　イ　とそう　　ウ　プレス　　エ　ようせつ

A（　　　　）B（　　　　）C（　　　　）D（　　　　）

3　自動車の生産について説明した文としてまちがっているものを，次のア〜ウの中から1つ選び，記号を書きなさい。（10点）

ア　プレスなどの大きな力が必要な作業や危険な作業は，ロボットなどが行う。

イ　検査などのかんやこつが必要な作業は，人間が行う。

ウ　組み立ては，1人ですべての部品を取りつけて完成させる。

（　　　　　　）

4　資料3は，自動車の組み立てに必要な部品の流れを表しています。このような自動車の部品をつくる工場を何といいますか。書きなさい。（10点）

（　　　　　　　　　　）

5　部品をつくる工場は，組み立て工場が必要とする数の部品を，作業に合わせてとどけています。こうした方式の組み立て工場の利点を説明しなさい。（10点）

（

2 自動車工業のこれからについて，あとの問いに答えなさい。(40点)

グラフ１　　　　　　　　　　グラフ２

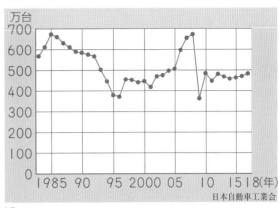

グラフ１
その他 35.3%
総輸出台数 482万台
A 35.9%
ドイツ 2.7%
アラブ
首長国連邦 2.9%
イギリス 3.3%
ロシア 3.6%
カナダ 4.1%
中華人民共和国 4.4%
オーストラリア 7.8%
2018年　日本自動車工業会

日本自動車工業会

1 グラフ１は，日本の自動車の輸出先とその割合を表しています。グラフ１中のAにあてはまる国の名前を書きなさい。(10点)

(　　　　　　　)

2 グラフ２は，日本の自動車輸出台数の変化を表しています。グラフ２から読み取れることとしてまちがっているものを，次の**ア～ウ**の中から１つ選び，記号を書きなさい。(10点)

ア 1985年と1995年を比べると，1985年のほうが輸出台数が多い。

イ 1995年と2005年を比べると，2005年のほうが輸出台数が多い。

ウ 1990年から2015年まで，毎年400万台以上輸出している。

(　　　　　　)

3 日本の自動車会社は，海外に工場をつくり，自動車の現地生産をさかんにすすめています。こうした現地生産は，その国の人々にとってどのようなよい点がありますか。説明しなさい。(10点)

(　　　　　　　　　　　　　　　　　　　　　　　　　　　　　)

4 世界中で自動車が急速に広まっていくにつれて，自動車による問題がおきてきました。自動車の排出ガスによる環境問題を，「二酸化炭素」という言葉を使って説明しなさい。(10点)

(　　　　　　　　　　　　　　　　　　　　　　　　　　　　　)

3　重化学工業—鉄鋼業・石油化学工業—

学習日　　　月　　　日

得点　　　　／100点

1　次の図と地図を見て，あとの問いに答えなさい。（60点）

図1　製鉄所の高炉のしくみ

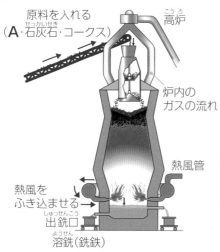

地図

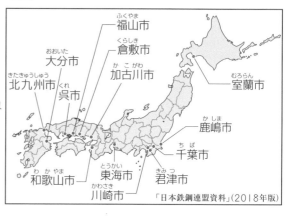

「日本鉄鋼連盟資料」（2018年版）

1　図1中の**A**にあてはまる原料を書きなさい。（10点）

（　　　　　　　　　　）

2　日本は，1の原料のほとんどを海外からの輸入にたよっています。日本が最も多く1の原料を輸入している国を，次の**ア**～**ウ**の中から1つ選び，記号を書きなさい。（10点）

ア　アメリカ合衆国（アメリカ）　　**イ**　インド　　**ウ**　オーストラリア

（　　　　　　　　　　）

3　地図は，日本の主な製鉄所の分布を示しています。製鉄所はどのような場所につくられていますか。「原料」「輸入」という言葉を使って説明しなさい。（15点）

（　　　　　　　　　　　　　　　　　　　　　　　　　　　　　　）

4　地図で示されている東海市や川崎市などは近くに自動車工場があります。製鉄所と自動車工場が近いとどのような利点がありますか。説明しなさい。（15点）

（　　　　　　　　　　　　　　　　　　　　　　　　　　　　　　）

5　鉄鋼を主に利用した製品として適していないものを，次の**ア**～**エ**の中から1つ選び，記号を書きなさい。（10点）

ア　水道管　　**イ**　船　　**ウ**　飛行機　　**エ**　鉄道のレール

（　　　　　　　　　　）

2 次の図とグラフを見て，あとの問いに答えなさい。(40点)

図2 石油精製工場と石油化学工場　　　　　　　　グラフ

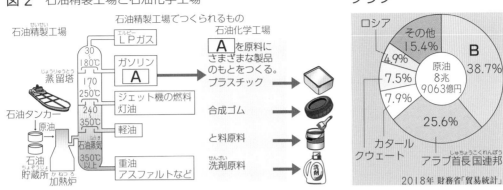

1 図2中の ⬚A⬚ は，石油化学工場でさまざまな製品の原料となります。⬚A⬚ にあてはまるものを書きなさい。(10点)

（　　　　　　　　　　）

2 石油精製工場を中心として，パイプで結ばれた石油化学工場の集合体を何といいますか。書きなさい。(10点)

（　　　　　　　　　　）

3 2の分布を表した地図として正しいものを，次のア～ウの中から1つ選び，記号を書きなさい。(10点)

ア　　　　　　　　　　イ　　　　　　　　　　ウ

（　　　　　）

4 グラフは，日本が原油（石油）を輸入している主な国とその割合を表しています。グラフ中のBにあてはまる国名を，次のア～エの中から1つ選び，記号を書きなさい。(10点)

ア　アメリカ合衆国　　イ　サウジアラビア
ウ　インドネシア　　　エ　オーストラリア

（　　　　　）

4 軽工業，伝統工業

1 次の写真と地図を見て，あとの問いに答えなさい。(40点)

写真

地図1

新潟県

1 写真は，食料品をつくる工場の様子で，働いている人は衛生面に気をつけた，清潔な服装をしています。その理由として正しいものを，次の**ア～エ**の中から1つ選び，記号を書きなさい。(10点)

ア あまり暑さを感じないようにするため。

イ できるだけたくさんの量を生産するため。

ウ 製品にほこりが入らないようにするため。

エ 働いている人どうしが気持ちよく仕事をするため。

(　　　)

2 **1**の服装以外で，食料品づくりで気をつけていることとして正しいものを，次の**ア～ウ**の中から1つ選び，記号を書きなさい。(10点)

ア 食料品にふくまれるアレルギー物質をわかりやすく製品に表示すること。

イ 価格の安さを最優先して原料を仕入れること。

ウ 特定の消費者が求めているものだけをつくること。

(　　　)

3 写真の工場は，主に米を原料としたせんべいなどをつくっており，地図1の新潟県にあります。このことから，食料品工業の工場は，どのような地域につくられることが多いと考えられますか。「生産地」という言葉を使って説明しなさい。

(10点)

(　　　　　　　　　　　　　　　　　　　　　　　)

4 食料品工業の工場でつくられる製品にあてはまらないものを，次の**ア～エ**の中から1つ選び，記号を書きなさい。(10点)

ア 菓子　**イ** 飲料　**ウ** 調味料　**エ** 薬品

(　　　)

2 工業の種類について，次の問いに答えなさい。(20点)

1 右のグラフは，工業の種類別生産額の割合を表しています。**A**にあてはまる工業を書きなさい。

(10点)

(　　　　　　　　　　工業)

グラフ

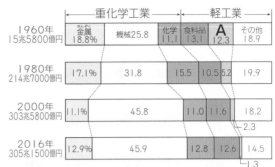

	重化学工業			軽工業		
1960年 15兆5800億円	金属 18.8%	機械25.8	化学 11.1	食料品 13.1	A 12.3	その他 18.9
1980年 214兆7000億円	17.1%	31.8	15.5	10.5	5.2	19.9
2000年 303兆5800億円	11.1%	45.8	11.0	11.6		18.2 — 2.3
2016年 305兆1500億円	12.9%	45.9	12.8	12.6		14.5 — 1.3

経済産業省「工業統計表」(産業編)ほか

2 **1**の工業をふくむ軽工業全体の2016年の生産額として最も近いものを，次の**ア～エ**の中から1つ選び，記号を書きなさい。(10点)

ア 約90兆円　　イ 約130兆円
ウ 約190兆円　　エ 約250兆円

(　　　　　)

3 伝統工業について，次の問いに答えなさい。(40点)

1 右の地図2は，主な伝統的工芸品とその産地を示したものです。地図2中の**A～E**にあてはまる工芸品を，次の**ア～オ**の中からそれぞれ1つ選び，記号を書きなさい。(各5点)

ア 天童将棋駒　　イ 備前焼
ウ 西陣織　　エ 箱根寄木細工
オ 輪島塗

A (　　　) B (　　　)
C (　　　) D (　　　)
E (　　　)

地図2

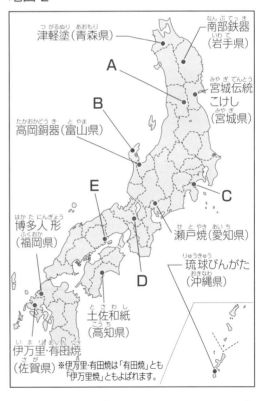

津軽塗(青森県)
南部鉄器(岩手県)
A
B
宮城伝統こけし(宮城県)
高岡銅器(富山県)
E
C
博多人形(福岡県)
瀬戸焼(愛知県)
D
琉球びんがた(沖縄県)
土佐和紙(高知県)
伊万里・有田焼(佐賀県) ※伊万里・有田焼は「有田焼」とも「伊万里焼」ともよばれます。

2 伝統的工芸品とは，日本各地で古くから人から人へと受けつがれてきた，すぐれた技術から生み出される手づくりの製品です。伝統的工芸品は，「大工場」と「中小工場」のどちらで主につくられていますか。書きなさい。(5点)

(　　　　　)

3 これからも伝統的工芸品をつくり続けるために，どのようなことが課題になっていますか。「後継者」という言葉を使って説明しなさい。(10点)

(　　　　　　　　　　　　　　　　　)

5 三大工業地帯

学習日

月　日

得点

／100点

1 次の地図とグラフを見て，あとの問いに答えなさい。(50点)

地図1　　　　　　　　　グラフ1

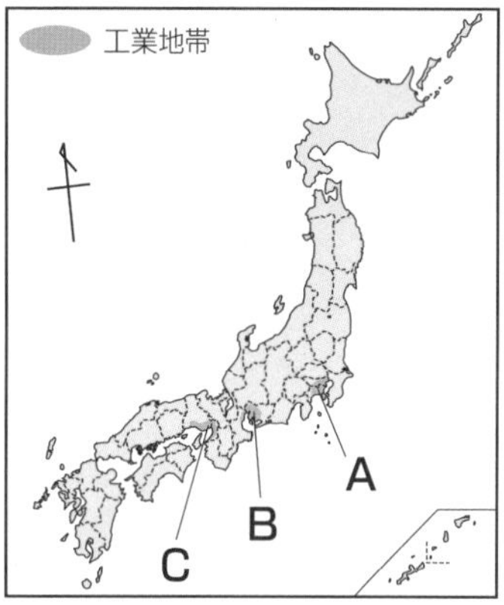

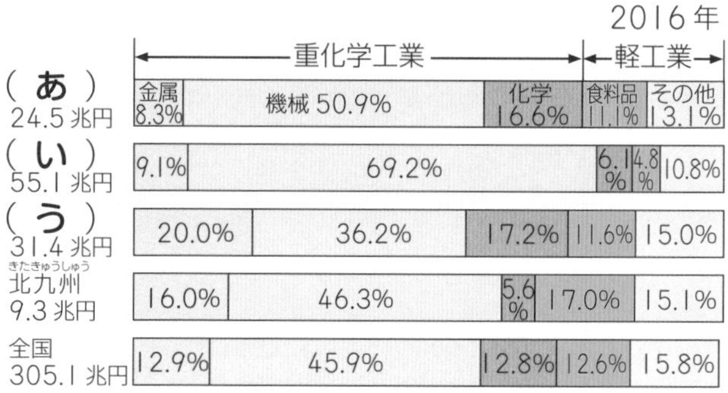

	重化学工業			軽工業	
	金属	機械	化学	食料品	その他
（ あ ） 24.5兆円	8.3%	50.9%	16.6%	11.1%	13.1%
（ い ） 55.1兆円	9.1%	69.2%		6.1% 4.8%	10.8%
（ う ） 31.4兆円	20.0%	36.2%	17.2%	11.6%	15.0%
北九州 9.3兆円	16.0%	46.3%	5.6%	17.0%	15.1%
全国 305.1兆円	12.9%	45.9%	12.8%	12.6%	15.8%

2016年

経済産業省「工業統計表」産業編

1 地図1は三大工業地帯の位置を表しています。京浜工業地帯と阪神工業地帯の位置を，地図1中のA〜Cの中からそれぞれ1つ選び，記号を書きなさい。(各5点)

京浜工業地帯（　　　　　）　　阪神工業地帯（　　　　　）

2 神奈川県川崎市の海沿いの地域には，石油化学工場や製鉄所が集まっています。工場用地を確保しやすいこと以外に，海沿いの地域に工場が建てられている理由を説明しなさい。(15点)

（　　　　　　　　　　　　　　　　　　　　　　　　　　　　　　）

3 グラフ1は，三大工業地帯および北九州工業地域の，工業生産額とその内訳を表しています。グラフ1中の（ あ ）〜（ う ）にあてはまる工業地帯をそれぞれ書きなさい。(各5点)

あ（　　　　　　　工業地帯）　い（　　　　　　　工業地帯）

う（　　　　　　　工業地帯）

4 北九州工業地域の食料品工業の生産額はおよそ何兆円ですか。グラフ1を参考に，小数第2位を四捨五入して，小数第1位まで書きなさい。(10点)

（およそ　　　　　　　兆円）

58

2 右の第二次世界大戦（1939～1945年）前後と現在の工業生産額の割合の変化を表した**グラフ2**を見て，次の問いに答えなさい。（50点）

1 阪神工業地帯について説明した
次の文章の（ **A** ）～（ **C** ）
にあてはまる言葉を，あとの**ア**
～**カ**の中からそれぞれ1つ選び，
記号を書きなさい。（各5点）

> 第二次世界大戦前には，
> （ **A** ）工業を中心とした
> 日本一の工業地帯に発展した。
> しかし，第二次世界大戦後は
> （ **B** ）工業への転換がお
> くれ，現在では（ **C** ）工
> 業地帯に続く工業地帯となっ
> ている。

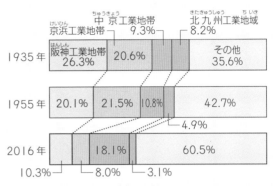

グラフ2

京浜工業地帯　中京工業地帯　9.3%　北九州工業地域　8.2%

1935年　阪神工業地帯 26.3%　20.6%　その他 35.6%

1955年　20.1%　21.5%　10.8%　42.7%
4.9%

2016年　18.1%　60.5%
10.3%　8.0%　3.1%

経済産業省「工業統計表」（産業編）

ア 金属　**イ** 食料品　**ウ** せんい
エ 機械　**オ** 京浜　**カ** 中京

A（　　　　）　B（　　　　）　C（　　　　）

2 北九州工業地域の生産額の割合が小さくなった主な理由の1つは，1950年代後半から1960年代にかけて，日本で「エネルギー革命」がすすんだためです。このエネルギー革命によって，日本で主なエネルギー源は，何から何にかわりましたか。書きなさい。（15点）

（　　　　　　　　　　　　　　　　　　　　　　　　　　　　　）

3 次の**D・E**が説明する都市の位置を**地図2**中
の**ア～オ**からそれぞれ1つ選び，記号を書きな
さい。また，その都市名も書きなさい。（各5点）
D：自動車の生産が日本一の都市で，中京工業
地帯の中心都市の1つである。

記号（　　　　　）

都市名（　　　　　　　市）

地図2

E：1950年代に石油コンビナートがつくら
れた都市で，かつて大気おせんなどの公害が
問題となった。

記号（　　　　　）

都市名（　　　　　　　市）

6 各地の工業地域

1 次の地図とグラフを見て，あとの問いに答えなさい。(60点)

地図1

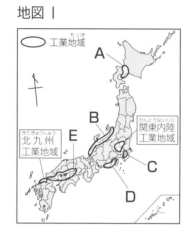

グラフ1

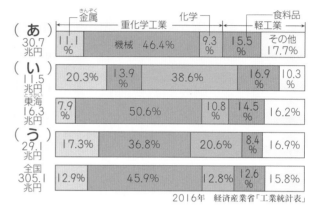

2016年　経済産業省「工業統計表」

グラフ2

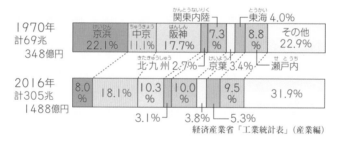

経済産業省「工業統計表」(産業編)

1 地図1は，各地の主な工業地域を表しています。次の工業地域の位置を，地図1中のA〜Eの中からそれぞれ1つ選び，記号を書きなさい。(各10点)

京葉工業地域 (　　　　　)　　　瀬戸内工業地域 (　　　　　)

2 次のX・Yが説明する工業地域の位置を，地図1中のA〜Eの中からそれぞれ1つ選び，記号を書きなさい。(各5点)

X：古くからの伝統工業をいかして発展してきた工業地域で，豊富な雪解け水を利用した水力発電が行われており，その電力を周辺の工場で利用している。

(　　　　　)

Y：地元産の牛乳や魚を加工する食料品工業がさかんな工業地域である。

(　　　　　)

3 グラフ１は，主な工業地域の工業生産額とその内訳を表しています。グラフ１中の（ あ ）～（ う ）にあてはまる工業地域を，次の**ア～オ**の中からそれぞれ１つ選び，記号を書きなさい。(各５点)

ア 北海道　**イ** 関東内陸　**ウ** 京葉　**エ** 瀬戸内　**オ** 北陸

あ（　　　　工業地域）　い（　　　　工業地域）　う（　　　　工業地域）

4 グラフ２は，工業生産額にしめる工業地帯・工業地域別の割合の変化を表しています。関東内陸・京葉・東海・瀬戸内などの工業地域について，グラフ２からわかることを説明しなさい。(15点)

（　　　　　　　　　　　　　　　　　　　　　　　　　　　　　　　　）

2 工業のさかんな都市について，あとの問いに答えなさい。(40点)

1 次の１～３の地図は，ある工業がさかんな５つの都市を表したものです。あてはまる工業を，あとの**ア～ウ**の中からそれぞれ１つ選び，記号を書きなさい。

(各10点)

１.　　　　　　　　　　２.　　　　　　　　　　３.

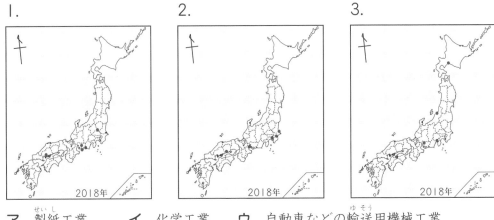

ア 製紙工業　　**イ** 化学工業　　**ウ** 自動車などの輸送用機械工業

１.（　　　）　２.（　　　）　３.（　　　）

2 次の文の（　　　）にあてはまる言葉を，あとの**ア～エ**の中から１つ選び，記号を書きなさい。(10点)

右の**地図２**中の千歳市では，飛行機による輸送を利用して，（　　　）の生産がさかんである。

地図２

ア 鉄鋼　　　　**イ** 自動車
ウ 電子機器　　**エ** セメント

（　　　）

7 中小工場

1 次のグラフを見て，あとの問いに答えなさい。(50点)

グラフ1

□大工場　□中小工場

工場の数 合計36万8000	┌0.9%	99.1%
働く人の数 合計792万人	31.4%	68.6%
工業生産額 合計305兆円	51.7%	48.3%

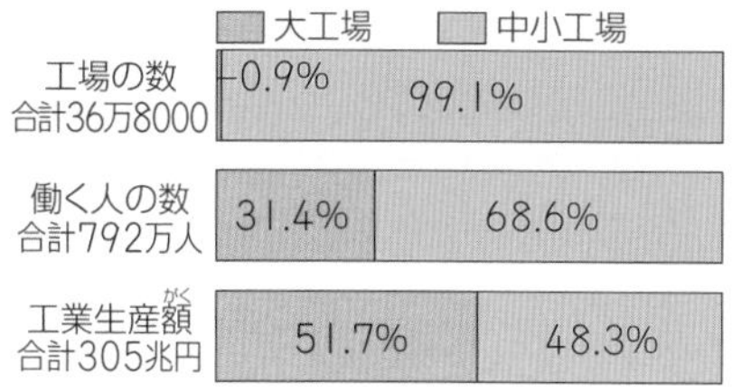

2016年　経済産業省「工業統計表」(産業編)

大工場と中小工場の割合

① 中小工場の数は，大工場の数の約何倍ですか。最も近いものを次のア～エの中から1つ選び，記号を書きなさい。(10点)

ア　約11倍　　イ　約110倍　　ウ　約1100倍　　エ　約11000倍

（　　　　）

② グラフ1から読み取れることを述べた文として正しいものを，次のア～エの中から1つ選び，記号を書きなさい。(20点)

ア　1工場あたりの工業生産額は大工場のほうが多いが，働く人1人あたりの工業生産額は中小工場のほうが多い。

イ　1工場あたりの工業生産額は中小工場のほうが多いが，働く人1人あたりの工業生産額は大工場のほうが多い。

ウ　1工場あたりでも働く人1人あたりでも，工業生産額は大工場のほうが多い。

エ　1工場あたりでも働く人1人あたりでも，工業生産額は中小工場のほうが多い。

（　　　　）

③ 中小工場がかかえる問題点について述べた次の文章中の[　　　　　]にあてはまる内容を，「わかい人」という言葉を使って書きなさい。(20点)

> 　日本の中小工場には，すぐれた技術を持った職人が多くいます。しかし，その技術を[　　　　　　]。すぐれた技術を，どのようにして次の世代に引きついでいくのかは，日本の中小工場が解決すべき共通の問題となっています。

（　　　　　　　　　　　　　　　　　　　　　　　　　）

2 右のグラフを見て，次の問いに答えなさい。（50点）

1 グラフ2について述べた次 グラフ2
の文章中の（ **ア** ）〜（ **エ** ）
にあてはまる言葉をそれぞれ書
きなさい。（各5点）

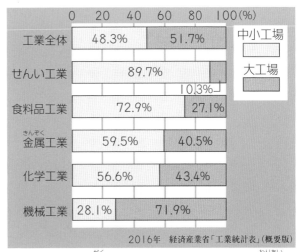

各工業の生産額にしめる大工場と中小工場の割合

> 　工業全体でみると，大工場と中小工場の生産額の割合はほぼ（ **ア** ）だが，
> （ **イ** ）に分類されるせんい工業や食料品工業などでは，中小工場の割合
> が高い。重化学工業において，（ **ウ** ）や（ **エ** ）では中小工場の割合
> がやや高くなっているが，<u>機械工業では大工場が大きな割合をしめている。</u>

ア（　　　　　　　　）　イ（　　　　　　　　）

ウ（　　　　　　　　）　エ（　　　　　　　　）

2 **1**の文章中の――――について，その理由を説明した文として正しいものを，
次の**ア**〜**ウ**の中から1つ選び，記号を書きなさい。（10点）

　ア　機械工業では，中小工場の多くは部品を組み立てる大工場の関連工場だから。

　イ　機械工業では，中小工場が大工場で生産された部品を組み立てているから。

　ウ　機械工業では，同じ製品の大量生産が得意な中小工場には不利になるから。

（　　　　　）

3 日本の中小工場が海外の企業に買収されることがあります。その理由を次の
文を参考に，「技術」「知識」という言葉を使って書きなさい。（20点）

> 　東大阪市の中小工場の人たちは技術や知識を持ちより，たがいに協力し
> て，ミリ単位のミスもゆるされない部品を，失敗を重ねながらつくりあげた。
> そして，2009年に人工衛星「まいど1号」の打ち上げは成功した。

（　　　　　　　　　　　　　　　　　　　　　　　　　　　　　　　　）

8 日本の貿易

1 次のグラフは，日本の主な資源や食料の輸入相手国とその割合を示しています。グラフ中の**ア〜エ**にあてはまる国の名前をそれぞれ書きなさい。（各10点）

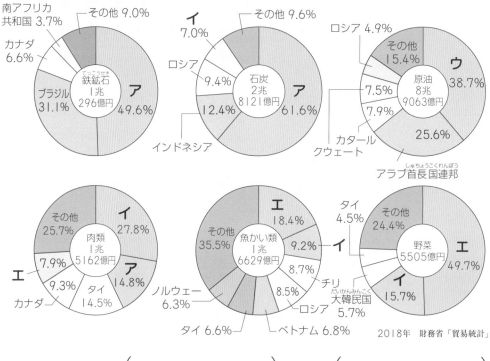

2018年　財務省「貿易統計」

ア （　　　　　　　　　） イ （　　　　　　　　　）

ウ （　　　　　　　　　） エ （　　　　　　　　　）

2 次の表は，日本と中華人民共和国（中国），アメリカ合衆国（アメリカ）との主な貿易品とその割合を示しています。これらの国との貿易には，どのような共通点がみられますか。表中の言葉を使って書きなさい。（10点）

中華人民共和国との貿易

主な輸出品	割合(%)	主な輸入品	割合(%)
機械類	45.8	機械類	46.3
自動車部品	5.5	衣類	10.1
科学光学機器	5.2	金属製品	3.5
プラスチック	5.2	家具	2.4
その他	38.3	その他	37.7

（ホンコン・マカオはのぞく）　2018年　財務省「貿易統計」

アメリカ合衆国との貿易

主な輸出品	割合(%)	主な輸入品	割合(%)
機械類	36.3	機械類	28.1
自動車	29.2	航空機類	5.3
自動車部品	6.0	医薬品	5.1
航空機部品	2.4	科学光学機器	5.1
その他	26.1	その他	56.4

2018年　財務省「貿易統計」

（　　　　　　　　　　　　　　　　　　　　　　　　　）

3 次のグラフ中の**ア〜オ**にあてはまる品目を，あとの￼の中からそれぞれ１つ選び，書きなさい。（各５点）

日本の主な輸出品

鉄鋼 9.6%
船舶 7.1%
魚かい類 4.3%
イ 12.2%
ア 30.2%
その他 36.6%
1960年

イ 37.6%
ウ 15.1%
その他 35.1%
2018年
自動車部品 4.9%
鉄鋼 4.2%
プラスチック 3.1%

財務省「貿易統計」など

日本の主な輸入品

鉄くず 5.1%
鉄鉱石 4.8%
イ 7.0%
オ 13.4%
エ 17.6%
その他 52.1%
1960年

イ 24.5%
その他 48.0%
2018年
オ 13.3%
液化ガス 6.6%
医薬品 3.6%
衣類 4.0%

財務省「貿易統計」など

| 石油 | 自動車 | 機械類 | せんい原料 | せんい品 |

ア（　　　　　）イ（　　　　　）ウ（　　　　　）
エ（　　　　　）オ（　　　　　）

4 次の表中の**ア〜ウ**は，成田国際空港，東京港，名古屋港のいずれかについて，主な輸出品と輸入品とその割合を示しています。この表を見て，あとの問いに答えなさい。（25点）

貿易港	主な輸出品とその割合	主な輸入品とその割合
ア	自動車部品 6.9%　コンピュータ部品 5.5% 内燃機関 5.3%　プラスチック 4.5%	衣類 8.7%　コンピュータ 4.9% 魚かい類 4.6%　肉類 4.3%
イ	自動車 25.0%　自動車部品 17.5% 金属加工機械 4.4%　内燃機関 4.2%	液化ガス 8.5%　衣類 7.1% 石油 6.7%　アルミニウム 5.5%
ウ	科学光学機器 6.2%　金（非貨幣用）5.2% 集積回路 4.4%　電気回路用品 4.3%	通信機 14.0%　医薬品 11.6% 集積回路 9.5%　コンピュータ 7.6%

2018年　財務省「貿易統計」

1 成田国際空港と名古屋港を示しているものを，表中の**ア〜ウ**の中からそれぞれ１つ選び，記号を書きなさい。（各５点）

成田国際空港（　　　　　）　名古屋港（　　　　　）

2 1のように答えた理由を，貿易品の特色にふれて書きなさい。（15点）

（　　　　　　　　　　　　　　　　　　　　　　　　　　　　　　）

9 貿易に関わる問題

1 　次のグラフは，日本の主な輸入品の割合を示しています。これらのグラフを見て，あとの問いに答えなさい。（50点）

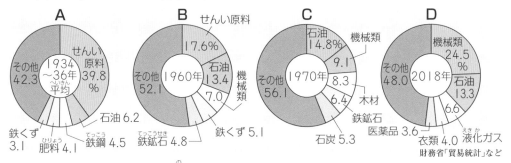

財務省「貿易統計」など

1 　A〜Dのグラフについて述べた次の文章中の（　ア　）〜（　ウ　）にあてはまる言葉をそれぞれ書きなさい。（各5点）

> 　かつては石油などの（　ア　）や工業の原料が輸入品の中心だったが，しだいに機械類や衣類などの（　イ　）の割合が増えてきている。これは，貿易摩擦の解消などを目的とした自動車などの現地生産が進み，日本の資本や技術を用いて海外で生産された（　イ　）を日本に輸入する「（　ウ　）輸入」が増えたことや，これまであまり工業がさかんでなかった国ぐにで工業化が進み，日本でつくられたものよりも安い（　イ　）が日本に輸出されるようになったためである。

ア（　　　　　）イ（　　　　　）ウ（　　　　　）

2 　A〜Dのグラフと同じ年代の，日本の主な輸出品の割合を示すグラフを，次のア〜エの中からそれぞれ1つ選び，記号を書きなさい。（各5点）

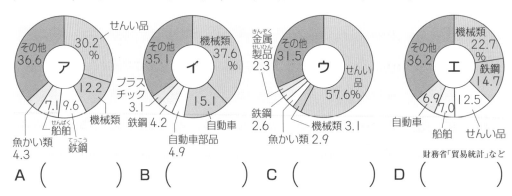

財務省「貿易統計」など

A（　　　　）B（　　　　）C（　　　　）D（　　　　）

3 　A〜Dや **2** のア〜エのグラフから，日本の工業がどのように変化してきたことがわかりますか。中心となる工業の種類の変化にふれて書きなさい。（15点）

（　　　　　　　　　　　　　　　　　　　　　　　　　　　）

2 次の表を見て，あとの問いに答えなさい。(50点)

表1　日本の主な貿易相手と貿易額の割合

年	1位	2位	3位	4位	5位
1995年	アメリカ合衆国 (25.2%)	中華人民共和国 (7.4%)	大韓民国 (6.2%)	台湾 (5.6%)	ドイツ (4.4%)
2000年	アメリカ合衆国 (25.0%)	中華人民共和国 (10.0%)	台湾 (6.3%)	大韓民国 (6.0%)	ドイツ (3.8%)
2005年	アメリカ合衆国 (17.8%)	中華人民共和国 (17.0%)	大韓民国 (6.4%)	台湾 (5.5%)	タイ (3.4%)
2010年	中華人民共和国 (20.7%)	アメリカ合衆国 (12.7%)	大韓民国 (6.2%)	台湾 (5.2%)	オーストラリア (4.2%)
2018年	中華人民共和国 (21.4%)	アメリカ合衆国 (14.9%)	大韓民国 (5.7%)	台湾 (4.7%)	オーストラリア (4.2%)

財務省「貿易統計」

表2　日本との貿易額

	アメリカ合衆国	中華人民共和国
日本への輸出額	9兆149億円	19兆1937億円
日本からの輸入額	15兆4702億円	15兆8977億円

2018年　財務省「貿易統計」

1　表1から，日本は近年，どの地域との貿易がさかんであるといえますか。右の地図中から1つ選び，書きなさい。(10点)

（　　　　　　　　　　　）

2　表2は表1中で貿易額の割合が高い2国の日本との貿易額を示しています。表2から読み取れることを述べた次の文章中の（　ア　），（　イ　）にあてはまる言葉をそれぞれ書きなさい。(各10点)

> 日本と中華人民共和国（中国）との貿易では，日本の（　ア　）のほうが多く，中国は日本との貿易で利益をあげている。いっぽう，日本とアメリカ合衆国（アメリカ）との貿易では，日本の（　イ　）のほうが多く，日本はアメリカとの貿易で利益をあげているということがわかる。

ア（　　　　　　　　　　）　イ（　　　　　　　　　　）

3　1で選んだ地域では工業の発展がめざましく，人件費も日本に比べて安いため，多くの日本の会社がこの地域へ工場を移転しています。その結果，日本国内ではどのような問題が発生しているでしょうか。書きなさい。(20点)

（　　　　　　　　　　　　　　　　　　　　　　　　　　　　　　　）

グレードアップ問題

1 貨物船についてまとめた次の表を見て, あとの問いに答えなさい。(25点)

（ A ）	LNG船 エルエヌジー	鉱石運搬船 こうせきうんぱんせん	（ D ） 専用船 せんようせん
原油を運ぶ	（ B ）を運ぶ	（ C ）を運ぶ	（ D ）を運ぶ
船体内に大型の液体を入れる容器をそなえている。	気体を冷やして液体にし, かさを減らして運ぶ。	荷づくりをせず, 荷物をそのままばら積みして運ぶ。	（ D ）を作業員が運転して積みこむ。

1 表中の（ A ）にあてはまる船の名前を, **カタカナ4字**で書きなさい。(5点)

（　　　　　　　　　　　）

2 表中の（ B ）にあてはまるエネルギー資源を, 次の**ア～エ**の中から1つ選び, 記号を書きなさい。(5点)

ア 炭酸ガス　　**イ** 天然ガス　　**ウ** フロンガス　　**エ** 石油ガス

（　　　　　　　　　　　）

3 右のグラフは, 表中の（ C ）にあてはまる工業原料となる資源の主な輸入先を示しています。（ C ）を主な原料としてつくられる工業製品は何ですか。書きなさい。(5点)

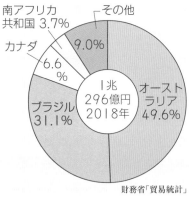

南アフリカ共和国 3.7%
その他
カナダ 6.6%
その他 9.0%
ブラジル 31.1%
オーストラリア 49.6%
1兆296億円 2018年

財務省「貿易統計」

（　　　　　　　　　　　）

4 表中の（ D ）にあてはまる工業製品を, 日本が最も多く輸出している国の名前を書きなさい。(5点)

（　　　　　　　　　　　）

5 貨物船による輸送には, 他の輸送機関と比べてどのような特徴がありますか。2つの長所にふれて書きなさい。(5点)

（　　　　　　　　　　　　　　　　　　　　　　）

2 次の分布図を見て，あとの問いに答えなさい。(40点)

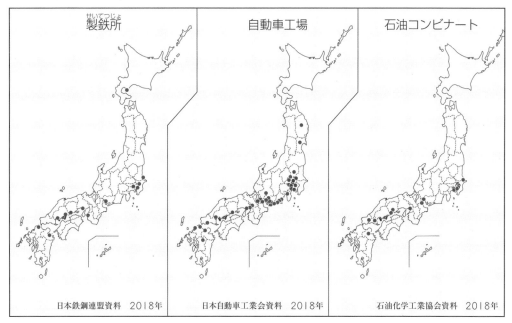

製鉄所　　　日本鉄鋼連盟資料　2018年
自動車工場　日本自動車工業会資料　2018年
石油コンビナート　石油化学工業協会資料　2018年

1 次の**A〜D**は日本の代表的な工業都市です。製鉄所と石油コンビナートの分布図を参考にして，**A〜D**が製鉄所はあるが石油コンビナートがない都市の場合は**ア**，石油コンビナートはあるが製鉄所がない都市の場合は**イ**，製鉄所と石油コンビナートの両方ともない都市の場合は**ウ**をそれぞれ選び，書きなさい。(各5点)

A 室蘭市	**B** 北九州市	**C** 四日市市	**D** 浜松市

A（　　　　　）B（　　　　　）C（　　　　　）D（　　　　　）

2 製鉄所，自動車工場，石油コンビナートの分布について述べた次の文中の（　**ア**　）〜（　**ウ**　）にあてはまる言葉をそれぞれ書きなさい。(各5点)

　製鉄所と石油コンビナートは，（　**ア**　）の輸入に便利な太平洋や（　**イ**　）の臨海部に分布しているが，自動車工場は，臨海部以外にも，関東地方や全国一の生産台数の（　**ウ**　）県の内陸部に多く分布している。

ア（　　　　　　　）イ（　　　　　　　）ウ（　　　　　　　）

3 自動車や半導体などの組み立て型工業の工場が，臨海部だけでなく内陸部に多くつくられるようになった理由を，「整備」という言葉を使って書きなさい。

(5点)

（　　　　　　　　　　　　　　　　　　　　　　　　　　　　　）

グレードアップ問題は次ページに続きます。

3 次の文章を読んで，あとの問いに答えなさい。(25点)

> 古くから日本の各地でつくられてきた手工業製品のうち，とくにすぐれた
> ものはA国から伝統的工芸品の指定を受け，保護されている。B伝統的工芸
> 品はその地域の特産品になっていることが多く，生産には洗練された高い技
> 術が必要とされる。その技術を身につけるには長い時間がかかるため，ど
> の伝統的工芸品においても（　**C**　）という問題をかかえており，古くから
> 伝えられてきた技術が失われてしまうのではないかと心配されている。

1 文章中の―――**A**について，伝統的工芸品の指定をおこなう役所を，次の**ア**～
エの中から１つ選び，記号を書きなさい。(5点)

ア 文部科学省　　**イ** 農林水産省　　**ウ** 経済産業省　　**エ** 国土交通省

（　　　）

2 文章中の―――**B**について，次の表は主な伝統的工芸品とその生産地（●）を
示しています。表中の**ア**～**ウ**にあてはまる言葉を，それぞれ書きなさい。(各5点)

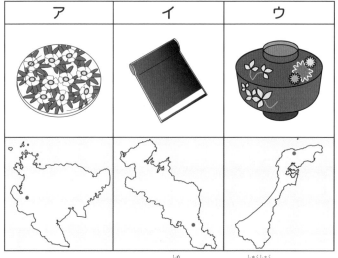

※地図は府県の形を示しており上が北。縮尺は同じではない。

ア（　　　　　　　　焼）　イ（　　　　　　　　織）

ウ（　　　　　　　　塗）

3 文章中の（　**C**　）にあてはまる内容を，「あとつぎ」という言葉を使って書
きなさい。(5点)

（　　　　　　　　　　　　　　　　　　　　　　　　　）

4 次の表と図を参考にして，関税（輸入品にかける税金）を課す主な目的を書きなさい。(5点)

表

輸出の悪い面	輸入の悪い面
安い農産物や工業製品などを大量に輸出すると，同じものを生産している相手国の産業をおとろえさせてしまうおそれがある。	安い農産物や工業製品などを大量に輸入すると，同じものを生産している自国の産業がおとろえてしまうおそれがある。

図

国産牛肉 1kg 1500円
外国産牛肉 1kg 1258円 （輸入価格1000円） ＋ （関税258円）

（　　　　　　　　　　　　　　　　）

5 次の図1はユニバーサルデザインに基づいてつくられたトイレの様子を示しています。図1のトイレは図2のトイレと比べるとどのような点ですぐれていますか。トイレを使う人の立場から書きなさい。(5点)

図1

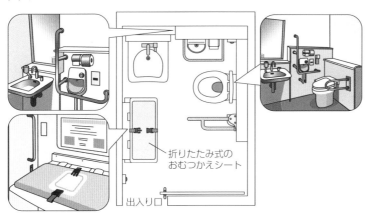

折りたたみ式の
おむつかえシート

出入り口

図2

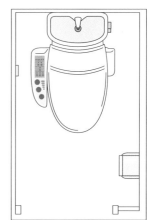

（　　　　　　　　　　　　　　　　）

I 情報を伝える仕事

1　次の図を見て，あとの問いに答えなさい。(50点)

図　　　　テレビのニュース番組や新聞がとどくまでの流れ

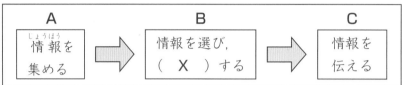

| A 情報を集める | → | B 情報を選び，(X)する | → | C 情報を伝える |

1　図中のAの仕事を何といいますか。またカメラマンなどとともに現場へ出かけ，Aの仕事を行う人を何といいますか。**漢字2字**でそれぞれ書きなさい。(各5点)

仕事 (　　　　　　　　)　行う人 (　　　　　　　　)

2　図中の(X)にあてはまる，「選んだ情報を放送時間内や紙面におさまるように加工する」という意味の言葉を書きなさい。(10点)

(　　　　　　　　　　)

3　図中のBについて説明した文として正しいものを，次のア～ウの中から1つ選び，記号を書きなさい。(10点)

ア　しちょう者や読者から要望のあった情報だけを選んでいる。
イ　すべてのニュース番組や新聞で同じ情報を選ぶようにしている。
ウ　テレビ局や新聞社の独自の判断で情報を選んでいる。

(　　　　　)

4　図中のCについて，テレビのニュース番組と新聞は，それぞれ主にどのような種類の情報で構成されていますか。次のア～エの中からそれぞれ2つ選び，記号を書きなさい。(完答各5点)

ア　映像　　イ　文字　　ウ　音声　　エ　写真やイラスト

テレビのニュース番組 (　　　　　　　　)　新聞 (　　　　　　　　)

5　ニュース番組を放送するテレビ局や新聞を発行する新聞社が情報を伝えるときに，最も気をつけなければならないのはどのようなことですか。「情報」という言葉を使って書きなさい。(10点)

(　　　　　　　　　　　　　　　　　　　　)

2 次のA〜Dのメディア（情報を伝える方法）について，あとの問いに答えなさい。
（40点）

Aテレビ	Bインターネット	C新聞	Dラジオ

1 A〜Dのメディアの特徴について説明した文を，次の**ア〜エ**の中からそれぞれ１つ選び，記号を書きなさい。（各５点）

ア 家事や自動車の運転をしながらでも情報を得ることができる。

イ 知りたい情報があれば，自分で検索してすぐに調べることができる。

ウ 保存がしやすく，くわしく解説された情報を何度も読み返すことができる。

エ 現在ではほとんどの家庭にあり，最新の情報を早く得ることができる。

A（　　　　）B（　　　　）C（　　　　）D（　　　　）

2 次の表中の**ア〜エ**は，A〜Dのメディアのいずれかの休日１日あたりの年代別利用時間（テレビは録画をのぞく）を示しています。AとBにあてはまるものを，表中の**ア〜エ**の中からそれぞれ１つ選び，記号を書きなさい。（各10点）

テレビ・インターネット・新聞・ラジオの休日１日あたりの年代別利用時間（単位 分）

	10代	20代	30代	40代	50代	60代	全体
ア	0.9	2.1	3.5	6.4	15.3	26.1	10.3
イ	271.0	212.9	150.2	145.3	115.0	64.3	145.8
ウ	0.7	2.1	3.9	8.2	10.4	14.1	7.5
エ	113.4	151.0	187.2	213.9	260.8	315.3	219.8

2018年度　総務省情報通信政策研究所「情報通信メディアの利用時間と情報行動に関する調査」

A（　　　　）B（　　　　）

3 次のグラフは，世界の主な国の人口と新聞発行部数を示しています。グラフから読み取れる日本の新聞発行部数の特徴を，「人口１人あたり」という言葉を使って書きなさい。（10点）

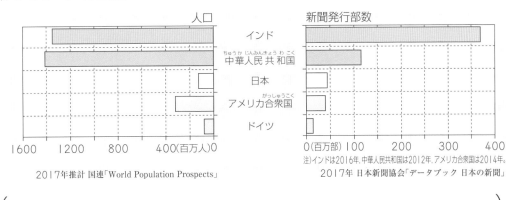

2017年推計 国連「World Population Prospects」

注）インドは2016年,中華人民共和国は2012年,アメリカ合衆国は2014年。
2017年 日本新聞協会「データブック 日本の新聞」

（　　　　　　　　　　　　　　　　　　　　　　　　　　　　　　　　　　）

2 情報の活用

1 次の図と写真を見て，あとの問いに答えなさい。(50点)

図１

写真

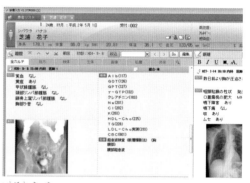

1 さまざまなコンピューターなどの情報機器をつなぎ，たくさんの情報のやり取りができるしくみを情報ネットワークといいます。こうした情報ネットワークのうち，世界的な規模で情報のやり取りができるようにした図１のような通信網を何といいますか。**カタカナ７字**で書きなさい。(10点)

（　　　　　　　　　　　　　　　）

2 テレビやラジオ，新聞にはみられず，前問**1**にだけみられる特徴について説明した文を，次の**ア～エ**の中から１つ選び，記号を書きなさい。(10点)

ア たくさんの人が同時に，同じ情報を受け取ることができる。

イ たくさんの人の協力によって，情報が送り出されている。

ウ 情報を受け取るだけでなく，個人が自由に情報を発信できる。

エ 不正確な情報や，あやまった情報が発信されることもある。

（　　　　）

3 写真は，医療機関が患者のさまざまな情報を，コンピューター上のデータとして記録したものです。このように，今まで主に紙に記録されていた情報をコンピューター上のデータとして記録することを何といいますか。**漢字３字**で書きなさい。(10点)

（　　　　　　　　　　　）

4 次の文は，前問**3**の良い点についてまとめたものです。文中の□□□□□□にあてはまる内容を，「情報」という言葉を使って書きなさい。(20点)

はなれた場所にいる人とも，□□□□□□□□□□□□□□□□□□□□。

（　　　　　　　　　　　　　　　　　　　　　　　）

2 次の図を見て，あとの問いに答えなさい。（50点）

図2

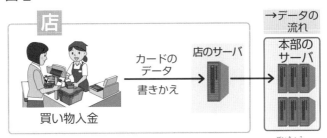

※サーバとは，ネットワーク上で情報やサービスを提供するコンピューターです。

電子マネーのしくみ

1 図2のように，あらかじめ入金（チャージ）したICカードやスマートフォンなどで，現金の代わりに支払いをすることができる電子的なお金のことを何といいますか。書きなさい。（10点）

（　　　　　　　　　　　　　　）

2 利用者が作成時に性別や住所，生年月日などの個人情報を登録したポイントカードを用いて買い物をした場合，店側のよい点を説明した文として正しいものを，次の**ア**〜**ウ**の中からすべて選び，記号を書きなさい。（完答20点）

ア 店を利用する客が，店から何キロまでの範囲に多く住んでいるかがわかり，ちらしを配るときの判断材料にすることができる。

イ ある商品を購入する客は男性が多いのか女性が多いのかがわかり，より多く売るために，商品を置く場所や店頭での宣伝を検討することができる。

ウ ある商品をどのような年齢層が購入しているのかがわかり，その年齢層が多く来店する曜日や時間帯の仕入れ数を検討することができる。

（　　　　　　　　　　　　　　）

3 店では，天候の変化や地域での行事・イベントなどの情報も活用して，必要な品物を注文して仕入れています。週末に店の近くの幼稚園や小学校で運動会が行われる場合，店はどのような商品をいつもより多く仕入れると考えられますか。商品を2つ書きなさい。（各10点）

（　　　　　　　）（　　　　　　　）

知っていたら かっこいい！

●店だけではなく，商品をつくる企業にとっても，気象情報は重要だよ。暑い時期が続く予報が出ているときは，企業は暑い時期に多く売れる商品の生産量を増やして，注文が増えても応じられるようにしているんだ。

3 情報とこれからの社会

1 次のグラフを見て，あとの問いに答えなさい。（40点）

グラフⅠ　　　情報通信端末の世帯保有率の移り変わり

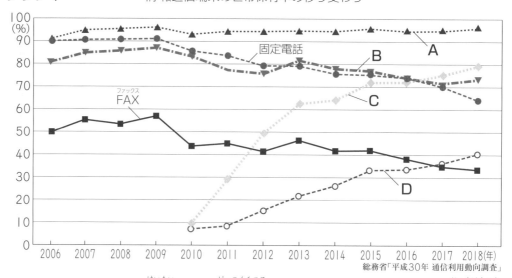

総務省「平成30年 通信利用動向調査」

1 グラフⅠ中のAは「携帯電話・PHS」です。B〜Dにあてはまる情報通信端末の組み合わせとして正しいものを，次のア〜エの中から１つ選び，記号を書きなさい。（10点）

	B	C	D
ア	スマートフォン	タブレット型端末	パソコン
イ	パソコン	タブレット型端末	スマートフォン
ウ	パソコン	スマートフォン	タブレット型端末
エ	タブレット型端末	スマートフォン	パソコン

（　　　　）

2 グラフⅠ中のA〜Dなどによるインターネットの利用目的で最も多いのは，「（　　　）の送信や受信」（80.5%）で，「天気予報の利用（無料のもの）」（68.6%）や「地図・交通情報の提供サービス（無料のもの）」（67.7%）などのほかの目的を大きく引きはなしています。（　　　）にあてはまる言葉を書きなさい。（10点）

（　　　　）

3 グラフⅠ中のA〜Dなどを使ってインターネットを利用する際に注意すべきことを，「個人」「情報」という言葉を使って書きなさい。（20点）

（

）

2 次のグラフを見て、あとの問いに答えなさい。(60点)

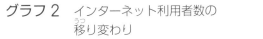

グラフ2　インターネット利用者数の移り変わり

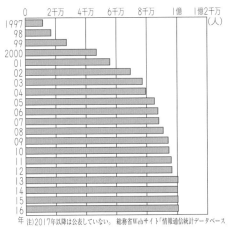

注)2017年以降は公表していない。 総務省Webサイト「情報通信統計データベース」

グラフ3　インターネットを原因とする犯罪件数の移り変わり

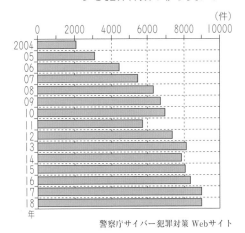

警察庁サイバー犯罪対策Webサイト

① 1997年から2016年の20年間で、インターネットを利用する人は約何倍になりましたか。次の**ア〜エ**の中から1つ選び、記号を書きなさい。(10点)

ア 約2倍　**イ** 約5倍　**ウ** 約10倍　**エ** 約20倍　（　　　　）

② 2004年から2015年の約10年間で、インターネットの利用者数とインターネットを原因とする犯罪件数はどのように移り変わってきましたか。正しい文を次の**ア〜ウ**の中から1つ選び、記号を書きなさい。(10点)

ア 約10年間で増えた割合は、利用者数よりも犯罪件数のほうが高い。

イ 利用者数と犯罪件数が約10年間で増えた割合は同じくらいである。

ウ 約10年間で増えた割合は、利用者数よりも犯罪件数のほうが低い。

（　　　　）

③ インターネットを利用する場合にしてはいけないことを、次の**ア〜ウ**の中からすべて選び、記号を書きなさい。(完答20点)

ア 他の人がえがいたイラストを、許可を得ずに自分のブログにのせる。

イ 他のホームページの記事を勝手に一部書きかえて、自分のサイトにのせる。

ウ 自分がとった旅行の風景写真を、仲のよい友達に電子メールで送る。

（　　　　）

④ インターネットを安心、安全に利用するために大切な「メディアリテラシー」とは何ですか。「必要」「活用」という言葉を使って書きなさい。(20点)

77

グレードアップ問題

1 次のグラフと表を見て，あとの問いに答えなさい。(40点)

グラフ　　　　　　　　インターネットの年代別利用率

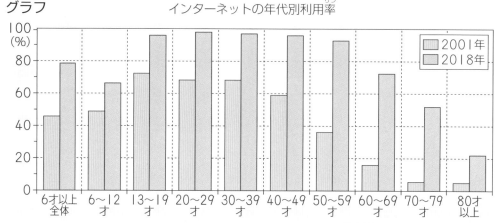

総務省「平成30年 通信利用動向調査」ほか

表　　　　　　主なソーシャルメディアの年代別利用率　　　　(単位 %)

	10代	20代	30代	40代	50代	60代	全体
LINE	88.7	98.1	93.4	87.7	82.6	52.8	82.3
Facebook	17.0	47.4	49.8	36.7	29.3	14.4	32.8
Twitter	66.7	76.1	41.6	34.0	23.0	9.0	37.3
YouTube	91.5	92.8	88.7	81.8	73.3	40.5	75.7

(2018年) ※調査対象は13～69才　　　　総務省情報通信政策研究所「情報通信メディアの利用時間と情報行動に関する調査」

1 グラフや表の説明としてまちがっているものを，次の**ア～エ**の中から1つ選び，記号を書きなさい。(20点)

ア グラフによると，「6才以上全体」をのぞく9つの年代のうち，インターネットの利用率が2001年に40%をこえていて，かつ2018年に80%をこえていた年代は4つである。

イ グラフによると，2001年と2018年のインターネットの利用率の差は，「80才以上」より「70～79才」のほうが大きい。

ウ 表によると，どのソーシャルメディアでも共通して，利用率が最も低いのは60代である。

エ 表によると，20代と30代とで利用率の差が最も大きいのはLINEである。

（　　　　　）

2 グラフと表から読み取れる，インターネットやソーシャルメディアの年代別利用率の特徴は何ですか。「高い」という言葉を使って書きなさい。(20点)

（　　　　　　　　　　　　　　　　　　　　　　　　　　　　　）

2 次の図を見て，あとの問いに答えなさい。(60点)

図　　　　　　　ある小学校の5年1組のAさんにとどいたメール

差出人：Tanaka Takashi 〈●●●@freemail.com〉送信日時：20●●/08/15 18:22
あて先　：△△△ @ ◇◇◇ .ne.jp
件名　：算数の宿題の答えのまちがいについて
添付ファイル：正しい答え（小5算数宿題）.exe

5年1組のみなさんへ

夏休みも残りあとわずかとなりましたが，みなさんお元気ですか。楽しい
夏休みをすごされていると思います。休み明けにそのお話を聞くのを楽し
みにしています。
さて，今回メールを差し上げたのは算数の宿題の答えにまちがいが
見つかったためです。これは先生のミスで，本当にごめんなさい。
正しい答えをお送りします。添付ファイルを見てくださいね。
————————————————————————————
▲▲小学校　5年1組担任　Tanaka Takashi
E-mail：●●● @tanaka-▲▲ syougakkou.com
ＵＲＬ：http://www. ▲▲ syougakkou.ed.jp
————————————————————————————

---

1 図のメールの説明としてまちがっているものを，次の**ア〜エ**の中から1つ選び，
記号を書きなさい。(20点)

　ア Aさんあてなのに，「5年1組のみなさんへ」となっている。
　イ 担任の先生の氏名がローマ字で記されている。
　ウ 最後に記されたＵＲＬをクリックするように指示している。
　エ 添付ファイルを開くように指示している。　　　　　　　　（　　　）

2 Aさんは，このメールを見ておかしいと感じました。担任の先生に自分のメー
ルアドレスを知らせていなかったからです。このあとAさんがとるべき行動とし
て正しいものを，次の**ア〜エ**の中から1つ選び，記号を書きなさい。(20点)

　ア 添付ファイルを開く。　　　　**イ** 記されているＵＲＬをクリックする。
　ウ このメールに返信する。　　　**エ** メールのことを家の人に伝える。

　　　　　　　　　　　　　　　　　　　　　　　　　　　　　（　　　）

3 図のメールは「標的型攻撃メール」とよばれる不正なメールです。このメール
が不正なメールであることは，内容におかしな点があることからわかります。この
メールのおかしな点を「メールアドレス」という言葉を使って書きなさい。(20点)

（　　　　　　　　　　　　　　　　　　　　　　　　　　　　　　　　　）

1 日本の森林

学習日

月　日

得点

／100点

1 次のグラフと図を見て，あとの問いに答えなさい。(60点)

グラフ　日本の土地利用の割合

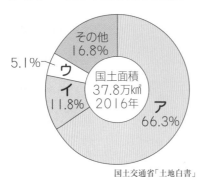

その他 16.8%

5.1%

ウ 11.8%

イ

国土面積 37.8万km² 2016年

ア 66.3%

国土交通省「土地白書」

図1 1時間で地下にしみこむ雨水の量

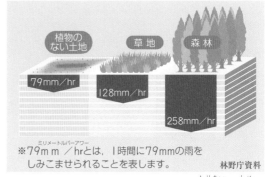

植物のない土地

79mm／hr

草地

128mm／hr

森林

258mm／hr

※79mm／hrとは，1時間に79mmの雨を
しみこませられることを表します。

林野庁資料

① グラフ中のア〜ウは，森林，宅地，農用地のいずれかです。森林の割合を示すものを，ア〜ウの中から1つ選び，記号を書きなさい。(10点)

(　　　　)

② 森林の利用について述べた次の文章の（　ア　），（　イ　）にあてはまる言葉をそれぞれ書きなさい。(各5点)

> 日本では古くから森林が生活に利用されてきました。日本の伝統的な（　ア　）は木造で，強い風から（　ア　）や農地などを守るために，海沿いの地域を中心に（　イ　）が見られます。

ア (　　　　　　　　) イ (　　　　　　　　)

③ 右の地図中のAの山地やBの島には，人の手がほとんど入っていないと考えられる森林があります。Aの山地やBの島に広がる原生的な森林の主な木の種類を，次のア〜エの中からそれぞれ1つ選び，記号を書きなさい。(各10点)

ア すぎ　イ ひのき　ウ ぶな　エ ひば

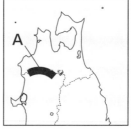

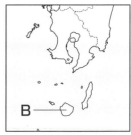

A (　　　) B (　　　)

④ 図1からわかる森林のはたらきを，「雨水」という言葉を使って書きなさい。(20点)

(　　　　　　　　　　　　　　　　　　　　　　　)

2 次の図を見て，あとの問いに答えなさい。（40点）

図2　　　　　　　　　　林業の流れ

| 作業A
育てた木の
なえを植える | 作業B
下草かりや
枝打ちをする | 作業C
（　　　）をする | 作業D
木を切り出す |

1 図2中の作業Bの「下草かり」と「枝打ち」のうち，節のない木を育てるために行う作業はどちらですか。書きなさい。（10点）

（　　　　　　　　　）

2 図2中の作業Cの（　　　）に入る，木に太陽の光がよく当たるようにするため，一部の木を切る作業を表す言葉を書きなさい。（10点）

（　　　　　　　　　）

3 林業が行われる人の手が入った森林を人工林，人の手によらず自然に生長してきた森林を天然林といいます。次の**あ**と**い**は人工林か天然林のどちらかの写真です。人工林は**あ**と**い**のどちらですか。記号を書きなさい。また，そのように考えた理由を書きなさい。（完答20点）

あ　　　　　　　　　　　　　　　　**い**

記号（　　　　）

理由（　　　　　　　　　　　　　　　　　　　　）

2 くらしと環境を守る

1 次の表と地図を見て，あとの問いに答えなさい。(50点)

表1　四大公害病の発生場所と原因物質

	公害病名	発生場所	原因物質
1	水俣病	八代海の沿岸	有機水銀（メチル水銀）
2	新潟水俣病	（ A ）の下流域	
3	イタイイタイ病	（ B ）の下流域	カドミウム
4	四日市ぜんそく	三重県の四日市市	亜硫酸ガス（二酸化硫黄）

地図　四大公害病が発生した地域

1 表1中の（ A ），（ B ）に入る河川名を，次のア〜エの中からそれぞれ1つ選び，記号を書きなさい。(各5点)

ア　阿賀野川　　イ　信濃川　　ウ　神通川　　エ　長良川

A（　　　　）B（　　　　）

2 表1中の1〜4の公害病が発生した地域を，地図中のア〜エからそれぞれ1つ選び，記号を書きなさい。(各5点)

1（　　　）2（　　　）3（　　　）4（　　　）

3 次の図は表1中の1の水俣病が発生したしくみを示しています。図を参考にして，水俣病がどのようにして発生したのかを説明しなさい。(20点)

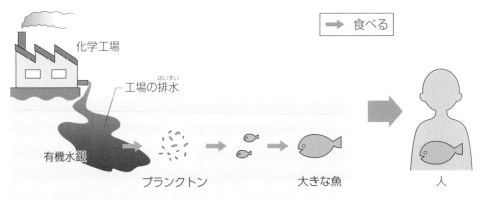

[　　　　　　　　　　　　　　　　　　　　　　　　　　　　　　　]

2 次の表とグラフを見て，あとの問いに答えなさい。(50点)

表2　　典型七公害のまとめ　　　　　　　　グラフ

	公害の種類	主な原因
1	水質おだく	家庭や工場からの排水
2	大気おせん	工場から出るけむり 自動車の排出ガス
3	土壌おせん	工場の排水や農薬
4	悪臭	（ A ）
5	騒音	（ B ）
6	振動	
7	地盤沈下	（ C ）

グラフ

その他 20.1%　D 23.1%
合計 68115件 2017年度
G 9.0%　E 21.2%
F 13.3%　13.3%
ごみの不法投棄

公害等調整委員会「公害苦情調査」

1　表2中の（ A ）〜（ C ）に入る文を，次のア〜ウの中からそれぞれ
1つ選び，記号を書きなさい。(各5点)
ア　地下水のくみ上げすぎ　　イ　家畜のふんやにょう
ウ　工場や工事現場の機械

A （　　　　　） B （　　　　　） C （　　　　　）

2　グラフは公害の苦情件数の内わけ
を示しており，グラフ中のD〜Gには
表2中の1〜7のいずれかの公害が
あてはまります。Dにあてはまる公害
を4〜7から，Eにあてはまる公害
を1〜3からそれぞれ1つ選び，番
号を書きなさい。(各5点)

D （　　　　　） E （　　　　　）

表3　　公害に対する国の取り組み

年代	取り組み
1967	（ H ）の制定
1971	環境庁の設置
1993	（ I ）の制定
1997	J環境アセスメント法の制定
2001	環境省の設置

3　表3中の（ H ）に入る日本で最初に制定された公害を防ぐための法律と，
これを発展させた（ I ）に入る法律をそれぞれ書きなさい。(各5点)

H （　　　　　　　　） I （　　　　　　　　　　　）

4　表3中の下線部Jに関して，「環境アセスメント」とは，環境に大きなえい
きょうをおよぼす可能性のある事業に対して，事前にえいきょうを調べ，予測し，
評価することをいいます。この法律が制定された目的を，「公害」という言葉を
使って書きなさい。(15点)

（　　　　　　　　　　　　　　　　　　　　　　　　　　　　　　　　）

3 自然災害を防ぐ

1 次の文章を読んで，あとの問いに答えなさい。（40点）

日本は100以上の活火山がある，世界でも有数の火山国です。活火山とは現在活発に活動しているか，おおむね過去1万年以内に噴火した火山のことです。

火山が噴火すると，火砕流や土石流などによって，大きな災害が起こることがあります。下の**写真**は，雲仙岳（普賢岳）で発生した火砕流の様子です。

火山の噴火による災害は，避難するまでに時間的余裕がない場合が多く，人命をうばう危険も高いため，下の**地図**のように，［　　　　　　　　］しています。

写真　　　　　　　　　**地図**

▲ 活火山
▲ 気象庁がつねに観測している火山
■ 火山監視・警報センター

注）伊豆・小笠原諸島，南西諸島は省略した。
2020年　気象庁資料

① 　**写真**の雲仙岳のある県について説明した文として正しいものを，次の**ア～エ**の中から1つ選び，記号を書きなさい。（10点）

ア　8つの県と接している内陸県である。

イ　都道府県の中で，北海道に次いで長い海岸線を有する県である。

ウ　日本で最も大きい湖のある県である。

エ　都道府県の中で，北海道に次いで広い面積を有する県である。

（　　　　　）

② 　火山監視・警報センターが置かれていない地方はどこでしょうか。**地図**を参考に，次の**ア～エ**の中から1つ選び，記号を書きなさい。（10点）

ア　関東地方　　**イ**　近畿地方　　**ウ**　九州地方　　**エ**　東北地方

（　　　　　）

③ 　文章中の［　　　　　　　　］にあてはまる内容を，**地図**を参考に，「気象庁」「火山」という言葉を使って書きなさい。（20点）

（　　　　　　　　　　　　　　　　　　　　　　　　　　　　　）

2 次の表を見て，あとの問いに答えなさい。(60点)

表　　　　　　　　　　　　地震による被害

建物がたおれ，こわれる	古いビルや家屋がこわれる。人が生きうめになる。 外壁がはがれ，窓ガラスが割れて落下してくる。
（　A　）がつながり にくくなる	通話が集中するためつながりにくくなる。 通信設備が被害を受けるとつながらなくなる。
道路が通行できなくなる	建物の倒壊や土砂くずれにより道路が寸断される。 通れる道路に人や自動車が集中し，（　B　）が起こる。
（　C　）が動かなくなる	さまざまな理由で線路や送電線が寸断される。 線路が無事でも安全の確認に時間がかかる。
（　D　）が使えなくなる	断水し，エネルギーの供給が止まる。 復旧するのに時間がかかる場合もある。

1 表中の（　A　）～（　C　）に入る言葉をそれぞれ書きなさい。(各5点)

A（　　　　　　　）　B（　　　　　　　）　C（　　　　　　　）

2 表中の（　D　）には，人々が生活するうえで欠かせないライフラインの設備が入ります。（　D　）に入るものを3つ書きなさい。(各5点)

（　　　　　　　）（　　　　　　　）（　　　　　　　）

3 地震によって海の底が動き，その上の海水が急に持ち上がったり下がったりすることで津波が発生する場合があります。津波から身を守るための行動としてまちがっているものを，次のア～エの中から1つ選び，記号を書きなさい。(10点)

ア　津波警報を聞いたら海に向かい，津波の大きさを自分の目で確かめる。

イ　津波はくり返しおそってくるので，津波警報が出ている間は避難を続ける。

ウ　津波は川からもおそってくるので，高い土地にいても川からはなれる。

エ　たとえゆれを感じなかったとしても，津波警報を聞いたら急いで避難する。

（　　　　）

4 地震や津波のような自然災害が起こったときに備えて，ふだんから自分のことは自分で守る「自助」を意識して備えておくことが大切とされています。「いつも笛を身につけて持ち歩く」というのも，その1つの例です。笛を身につけていると，地震のとき，どのように役立ちますか。書きなさい。(20点)

4 日本の自然災害とその歴史

1 次の表と地図を見て，あとの問いに答えなさい。(55点)

表　　主な火山の噴火と地震

年代	できごと
1707	あが噴火する
1914	いが噴火する
1923	関東大震災が起こる
1958	阿蘇山が噴火する
1990	雲仙岳（普賢岳）が噴火する
1995	A（　　　）大震災が起こる
2004	新潟県中越地震が起こる
2009	2 浅間山が噴火する
2011	B（　　　）大震災が起こる
2014	3 御嶽山が噴火する
2016	熊本地震が起こる

地図１　地殻変動が引きおこす災害が多い地域

1 表中のあ・いの火山名をそれぞれ書きなさい。なお，地図１中のあ・いは表中のあ・いの火山の位置を示しています。(各5点)

あ（　　　　　　　　　）い（　　　　　　　　　）

2 表中の───A・Bの大震災について，その震源地を地図１中のX〜Zからそれぞれ１つ選び，記号を書きなさい。(各10点)

A（　　　　　）B（　　　　　）

3 表中の───1〜3の火山の位置を，地図１中のア〜オからそれぞれ１つ選び，記号を書きなさい。(各5点)

1（　　　　）2（　　　　）3（　　　　）

4 日本で火山の噴火や地震などの地殻変動が引き起こす自然災害が多いのは，右の図のように，陸側のユーラシアプレートと北アメリカプレート，海側の（　　　）プレートとフィリピン海プレートが複雑にぶつかっていて大きな力がはたらいているためです。（　　　）にあてはまる海の名前を書きなさい。

(10点)

（　　　　　　　）

図　　日本付近のプレート

2 次の地図を見て，あとの問いに答えなさい。(45点)

地図2　気象災害が多い地域

1　地図2中の**ア～ウ**は，「雪害」「台風による風水害」「冷害」のいずれかの多い地域を示しています。台風による風水害の多い地域を，**地図2**中の**ア～ウ**から1つ選び，記号を書きなさい。(5点)　　　　　　　　　（　　　　　）

2　次の**A～D**の各文は，台風などがもたらす大雨が主な原因となって起こる災害の様子を説明しています。**A～D**を何といいますか。あとの**ア～エ**の中からそれぞれ1つ選び，記号を書きなさい。(各5点)
A　石や土砂が大雨などによる水と混じり合い，谷底から一気に流れ出てくる。
B　急な斜面の土がゆるくなった場所が，大雨などによって突然くずれ落ちる。
C　大雨などによって地中で土のかたまりが不安定になり，ゆっくりと動き出す。
D　台風のような強い低気圧によって海面が異常に高くなり，おしよせてくる。
ア　土砂くずれ　　**イ**　地すべり　　**ウ**　高潮　　**エ**　土石流

A（　　　　　）B（　　　　　）C（　　　　　）D（　　　　　）

3　雪害をもたらす，山の斜面に積もった雪がくずれ落ちる現象を何といいますか。ひらがなで書きなさい。(10点)
　　　　　　　　　　　　　　　　　　　　（　　　　　　　　　　）

4　集中豪雨によって洪水が起こることがあります。洪水はどのようにして起こることが多いですか。「大雨」という言葉を使って説明しなさい。(10点)

（　　　　　　　　　　　　　　　　　　　　　　　　　　　　　）

グレードアップ問題

1 次の図を見て，あとの問いに答えなさい。(50点)

図1

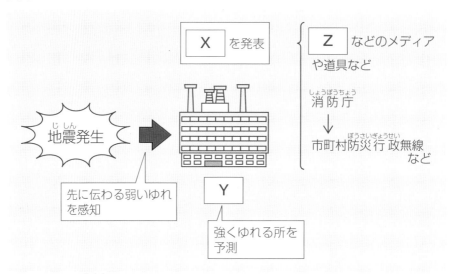

1 図1は，地震が起きた直後に，地震が起こった場所や大きさ，予想されるゆれの強さなどを自動で計算し，発表される警報のしくみを示しています。図1中の**X**にあてはまるこの警報を何といいますか。書きなさい。(10点)

（　　　　　　　　　　　　　　　　）

2 **X**の警報の発表をおこなう図1中の**Y**の役所の名前を書きなさい。(10点)

（　　　　　　　　　　　　　　　　）

3 図1中の**X**の警報を伝える**Z**のメディアや道具にあてはまらないものを，次の**ア**～**エ**の中から1つ選び，記号を書きなさい。(10点)

ア テレビ　**イ** 新聞　**ウ** ラジオ　**エ** 携帯電話・スマートフォン

（　　　　）

4 **X**の警報に接したときとるべき行動について正しく説明している文を，次の**ア**～**エ**の中から2つ選び，記号を書きなさい。(各10点)

ア 家のなかにいるときは，家がこわれると危険なのですぐに外へ出る。

イ バスや列車のなかにいるときは，つり革や手すりにしっかりつかまる。

ウ 自動車を運転しているときは速度を上げ，できるだけ遠くへ移動する。

エ エレベーターに乗っているときは，最寄りの階で停止させ，すぐに降りる。

（　　　）（　　　）

2 次の図を見て，あとの問いに答えなさい。(50点)

図2　　　　　　　　　　災害に強いまちの例

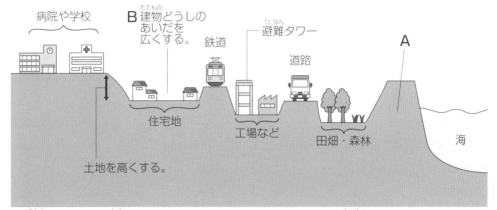

1 防災のために設けられている図2中のAのような施設を何といいますか。書きなさい。(10点)

（　　　　　　　　　　）

2 図2中のBは主にどのような自然災害に対する備えですか。次のア〜エの中から1つ選び，記号を書きなさい。(10点)

ア　火山の噴火　　イ　地震　　ウ　落雷　　エ　高潮

（　　　　　　）

3 津波警報が出て避難する場合に心がけることについて述べた次の文の，（　C　）と（　D　）に入る言葉を，それぞれ2字で書きなさい。(各10点)

> できるだけ（　C　），できるだけ（　D　）場所へ避難するように心がける。

C（　　　　　　　　）D（　　　　　　　　）

4 次のEは，2019年に新しくつくられた，過去に起きた津波や洪水などの自然災害の情報を伝える「自然災害伝承碑」の地図記号です。この地図記号がつくられた目的を，「教訓」という言葉を使って書きなさい。(10点)

E

（　　　　　　　　　　　　　　　　　　　　　　）

1 総合問題 |

1 北海道地方について，右の地図を見て，次の問いに答えなさい。(80点)

1 かつて多くの炭鉱があった山地を，地図中の**ア〜エ**から | つ選び，記号とその名前を書きなさい。

(各5点)

記号 (　　　　)

山地名 (　　　　)

2 春先に流氷がおしよせる海洋を，地図中の**X〜Z**から | つ選び，記号とその名前を書きなさい。

(各5点)

記号 (　　　　)

海洋名 (　　　　)

地図

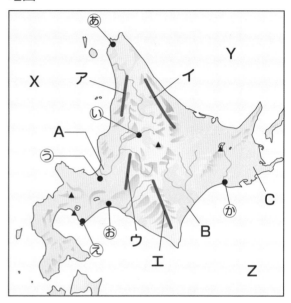

3 地図中の**A**と**B**の平野，**C**の台地について説明した文を，次の**ア〜エ**の中からそれぞれ | つ選び，記号を書きなさい。(各5点)

ア 農業に向かない泥炭地を客土によって改良し，米作りがさかんである。

イ 夏に高温となる気候を利用した農業地帯で，米作りがさかんである。

ウ 多くの乳牛を飼育し，牛乳や乳製品を生産する酪農がさかんである。

エ 日本有数の畑作地帯で，小麦やじゃがいもなどの生産がさかんである。

A (　　　) B (　　　) C (　　　)

4 地図中の**あ〜え**の都市の月ごとの平均気温と降水量を示しているものを，次の**ア〜エ**の中からそれぞれ | つ選び，記号を書きなさい。(各5点)

ア　　　　　　　　　イ　　　　　　　　　ウ　　　　　　　　　エ

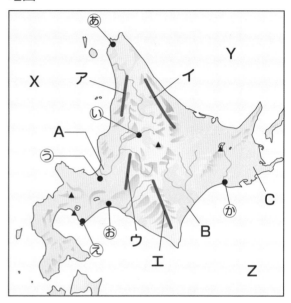

理科年表

あ (　　) い (　　) う (　　) え (　　)

5 次の I ～ 3 の各文が説明している都市を，**地図中の⑤～⑥**からそれぞれ I つ選び，記号を書きなさい。（各 5 点）

I ほりこみ式の港がつくられ，製紙工業をはじめ各種工業がさかんである。

2 日本有数の水あげ量をほこる漁港があり，水産加工業などがさかんである。

3 北海道の政治や経済の中心地で，ビールや乳製品などの工業がさかんである。

I（　　　）2（　　　）3（　　　）

6 北海道地方の雪の多い地域の家に見られるくふうを，「まど」「屋根」という言葉を使って書きなさい。（I0 点）

（　　　　　　　　　　　　　　　　　　　　　　　　　　　　　　）

2 次の表とグラフを見て，あとの問いに答えなさい。（20 点）

表　北海道と都府県平均の販売農家数，耕地面積，農業産出額

	販売農家数（戸）	耕地面積（ヘクタール）				農業産出額（億円）
		田	畑	果樹園	牧草地	
北 海 道	35800	222200	417200	3020	502100	12762
都府県平均	24528	47452	15670	5969	2098	1739

2018 年（農業産出額のみ 2017 年）　　　　　　　　　　農林水産省資料

グラフ　全国と北海道の製造品出荷額の割合

2016 年　経済産業省「工業統計表」（産業編）

I 表から読み取れることを述べた文として正しいものを，次の**ア～ウ**の中から I つ選び，記号を書きなさい。（I0 点）

ア 販売農家 I 戸あたりの耕地面積は北海道のほうが広く，販売農家 I 戸あたりの農業産出額は都府県平均のほうが多い。

イ 販売農家 I 戸あたりの耕地面積は都府県平均のほうが広く，販売農家 I 戸あたりの農業産出額は北海道のほうが多い。

ウ 販売農家 I 戸あたりの耕地面積は北海道のほうが広く，販売農家 I 戸あたりの農業産出額も北海道のほうが多い。

（　　　）

2 グラフから読み取れる北海道の工業生産の特徴を，その理由にふれて書きなさい。（I0 点）

（　　　　　　　　　　　　　　　　　　　　　　　　　　　　　　）

2 総合問題2

1 中部地方について，右の地図を見て，次の問いに答えなさい。(50点)

1 地図１中のAに見られるような，入り組んだ海岸地形を何といいますか。書きなさい。(5点)

（　　　　　　　　）

2 地図１中のBとCの平野の名前を，それぞれ書きなさい。(各5点)

B（　　　　　　　　）

C（　　　　　　　　）

3 地図１中のDの台地で栽培がさかんな作物を書きなさい。(5点)

（　　　　　　　　）

4 次の文が説明している盆地を，地図１中のア～ウから１つ選び，記号を書きなさい。(5点)

> かつては精密機械工業が発達し，現在では電子工業がさかんとなっている。

（　　　　　　）

地図１

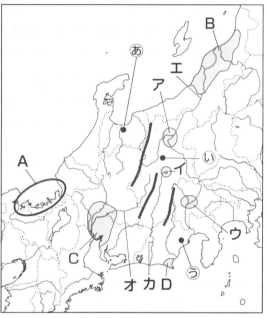

5 右の表１中の２つの E に共通してあてはまる河川を，地図１中のエ～カから１つ選び，記号とその名前を書きなさい。(各5点)

記号（　　　　　　）

河川名（　　　　　　　　）

表１

	長さ	流域面積
1位	E	利根川
2位	利根川	石狩川
3位	石狩川	E

2017年　　　　　　国土交通省資料

6 右のグラフ１はどの都市のものですか。地図１中のあ～うから１つ選び，記号を書きなさい。(5点)

（　　　　　）

7 前問6で答えた都市の気候の特徴を，「季節風」という言葉を使って書きなさい。(10点)

[　　　　　　　　　　　　　　　　　　　　　]

グラフ１

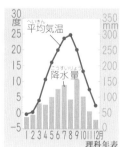

理科年表

2 右のグラフ２は，月別の東京の市場へのレタスの出荷量を，長野県産とその他の都道府県産に分けて示したものです。グラフ２から読み取れる長野県のレタス生産の特徴を書きなさい。（10点）

グラフ２

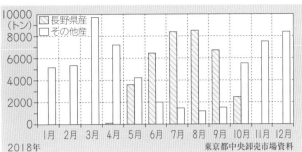

2018年　東京都中央卸売市場資料

（　　　　　　　　　　　　　　　　　　　　　　　）

3 次の表と地図を見て，あとの問いに答えなさい。（40点）

表２

輸出品目	輸出金額（百万円）	輸入品目	輸入金額（百万円）
X	3116513	液化ガス	452890
X の部品	2186874	Y 衣類	380122
金属加工機械	544339	Z 石油	356532
内燃機関	522551	アルミニウム	294566

2018年

財務省「貿易統計」

地図２

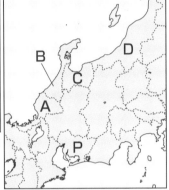

1　表２は地図２中のＰの県で貿易額が最も多い港の主な輸出品と輸入品の内わけを示しています。表２中の　X　に共通してあてはまる品目名を書きなさい。（10点）

（　　　　　　　　　　　　）

2　表２中の———Ｙ・Ｚを日本が最も多く輸入している国の名を，それぞれ書きなさい。（各５点）

Ｙ（　　　　　　　　　）　Ｚ（　　　　　　　　　）

3　地図２中のＡ〜Ｄの県では伝統工業がさかんです。県とその県の伝統的工芸品の組み合わせとして正しいものを，次のア〜エの中から１つ選び，記号を書きなさい。（10点）

ア　Ａ－小千谷ちぢみ　　イ　Ｂ－九谷焼
ウ　Ｃ－越前和紙　　　　エ　Ｄ－高岡銅器　　　　（　　　　）

4　地図２中のＡ〜Ｄの県で伝統工業がさかんな理由を，気候の特色にふれて書きなさい。（10点）

（　　　　　　　　　　　　　　　　　　　　　　　　）

3　総合問題3

1　九州地方について，次の地図と表を見て，あとの問いに答えなさい。（60点）

地図1

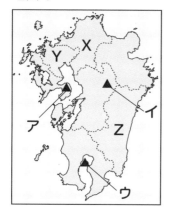

表1　　　　　　　　（万トン）

順位	道県	収穫量
1位	北海道	47.1
2位	X	5.5
3位	Y	3.7
4位	群馬県	2.3
5位	愛知県	2.3

2018年産　　　農林水産省資料
ある農作物の収穫量

1　次の1・2の各文が説明している火山を，地図1中のア～ウから，その名前をあとのエ～キからそれぞれ1つずつ選び，記号を書きなさい。（各5点）

1　世界有数のカルデラをもつ複式火山で，高岳など10以上の火山からなっている。

2　1914年の噴火によって陸続きとなったもと火山島で，現在でも活発に活動している。

エ　雲仙岳（普賢岳）　　オ　阿蘇山　　カ　宮之浦岳　　キ　桜島

1 地図（　　　　）　名前（　　　　　）

2 地図（　　　　）　名前（　　　　　）

2　地図1中のXとYの県は，表1のようにある農作物の生産がさかんです。食料自給率が14％（2017年度）のこの農作物を，次のア～エの中から1つ選び，記号を書きなさい。（10点）

ア　米　イ　小麦　ウ　茶　エ　かんしょ（さつまいも）　（　　　　）

3　地図1中のZの県の平野部で，冬でも温暖な気候を利用し，右の写真に見える施設を用いて生産される野菜を，次のア～エの中から1つ選び，記号を書きなさい。（10点）

写真

ア　たまねぎ　　イ　はくさい
ウ　ピーマン　　エ　キャベツ　　（　　　　）

4　写真のような施設を用いた野菜づくりの問題点を書きなさい。（20点）

（　　　　　　　　　　　　　　　　　　　　　　　　　　　　）

2 次の表2中の**A～E**には，あとの**ア～オ**のいずれかの県があてはまります。**B**と**D**にあてはまる県をあとの**ア～オ**からそれぞれ1つ選び，記号を書きなさい。（各10点）

表2

	面積 （km²）	人口 （千人）	農業産出額（億円）				漁業生産額 （億円）	工業製品出荷額 （億円）
			米	野菜	果実	畜産		
A	4987	5107	400	808	241	406	302	93185
B	4131	1341	127	513	138	525	974	17582
C	6341	1144	237	382	126	473	374	37092
D	7735	1081	172	771	149	2206	340	16351
E	9187	1614	205	616	94	2958	762	19886

面積と人口は2018年，その他は2016年　　　　　　　　　総務省資料，農林水産省資料，経済産業省資料

ア 鹿児島県　**イ** 長崎県　**ウ** 宮崎県　**エ** 福岡県　**オ** 大分県

B （　　　　）D （　　　　）

3 次の地図と表を見て，あとの問いに答えなさい。（20点）

地図2

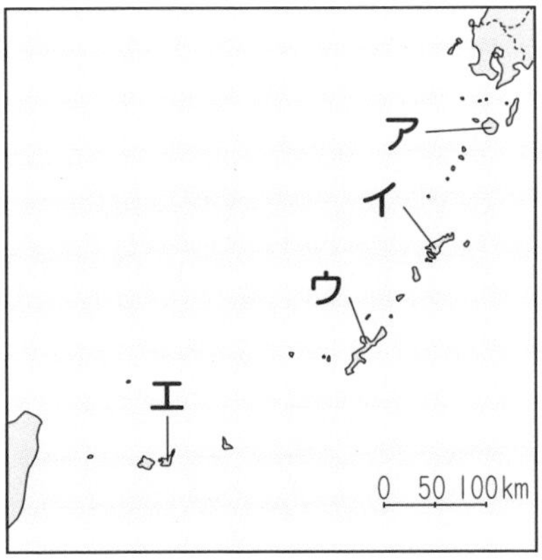

表3　沖縄県を訪れた観光客数（単位：百人）

年	国内	海外	総数
2012年	54591	3767	58358
2013年	58629	5508	64137
2014年	61648	8935	70583
2015年	62618	15012	77630
2016年	65310	20821	86131
2017年	68540	25422	93962
2018年	69439	29038	98477

沖縄県「平成30年版観光要覧」

1 沖縄県の沖縄島として正しいものを，地図2中の**ア～エ**の中から1つ選び，記号を書きなさい。（10点）　　　　　　　　　　　　　　（　　　　）

2 表3の内容の読み取りとして正しいものを，次の**ア～エ**の中から1つ選び，記号を書きなさい。（10点）

ア 訪れた観光客の総数は，2018年は2012年と比べると500万人以上増えている。

イ 2018年について，5人に1人は海外からの観光客である。

ウ 2012年から2018年にかけて，国内からの観光客は毎年増えている。

エ 2018年は2012年の10倍以上の観光客が海外から訪れている。

（　　　　）

Ｚ会グレードアップ問題集
小学5年　社会　改訂版

初版　　第 1 刷発行　　2017 年 9 月 10 日
改訂版 第 1 刷発行　　2021 年 3 月 10 日
改訂版 第 4 刷発行　　2023 年 7 月 10 日

編者　　　Ｚ会編集部
発行人　　藤井孝昭
発行所　　Ｚ会
　　　　　〒 411-0033　静岡県三島市文教町 1-9-11
　　　　　【販売部門：書籍の乱丁・落丁・返品・交換・注文】
　　　　　TEL　055-976-9095
　　　　　【書籍の内容に関するお問い合わせ】
　　　　　https://www.zkai.co.jp/books/contact/
　　　　　【ホームページ】
　　　　　https://www.zkai.co.jp/books/
装丁　　　Concent, Inc.
表紙撮影　花渕浩二
写真提供　アフロ　キヤノンメディカルシステムズ株式会社
　　　　　三幸製菓株式会社　東北森林管理局
　　　　　毎日新聞社　悠工房
印刷所　　シナノ書籍印刷株式会社

ISBN　978-4-86290-356-3

かっこいい小学生になろう

Z会
グレードアップ
問題集 改訂版

小学5年

社会

解答・解説

解答・解説の使い方

ポイント①
答え では，正解を示しています。

ポイント②
丸つけのポイント では，記述問題で丸つけをするときのポイントなどを示しています。

ポイント③
考え方 では，それぞれの問題のポイントを示しています。

グレードアップ問題集では，教科書よりもむずかしい問題に挑戦するよ。
解くことができたら，自信をもっていいよ！

第1章 日本の国土
1 世界と日本

答え
1 ① ユーラシア大陸
　② A 太平洋　　B 大西洋
　③ ウ
　④ インド，中華人民共和国（中国）
　⑤ ウ
　⑥ （例）国土が海に面していないという特色。
2 ① 赤道　② A 経線　　B 緯線
　③ あ　④ ウ
　⑤ （例）赤道からはなれるほど，実際よりも面積が大きく表されるという点。

丸つけのポイント
1 ⑥「国土」という言葉を使い，「海に面していない」という内容があれば正解です。「国土のまわりがすべて陸である」としても正解です。
2 ⑤「面積」という言葉を使い，「（面積が）大きく表される」という内容があれば正解です。

考え方
1 ①世界最小の大陸はオーストラリア大陸です。
　②世界には3つの広い海があります。大きい順に，太平洋・大西洋・インド洋です。地球の表面積のうち，およそ10分の7が海です。

陸
約1億
4700万km²
表面積
約5億
1000km²
海
約3億
6300万km²
2017年 理科年表
地球の海と陸の面積の割合

④人口が10億人以上の国はインドと中国です。世界の6つの州（アジア州・ヨーロッパ州・アフリカ州・北アメリカ州・南アメリカ州・オセアニア州）のうち，世界の総人口の半分以上は，インドや中国のあるアジア州に住んでいます。
　⑤アはインド，イは中国，ウは大韓民国（韓国）の国旗です。
　⑥モンゴルのように国土が海に面していない国を内陸国といいます。日本のように四方を海に囲まれている国を島国（海洋国）といいます。
2 ②経線で表される地球上の位置を経度といい，東西に180度ずつあります。緯線で表される地球上の位置を緯度といい，南北に90度ずつあります。
　③子午線は経線の別名です。本初子午線は経度0度の経線のことで，あのイギリスの首都ロンドンを通過しています。本初子午線よりも東を東経，西を西経といいます。赤道（緯度0度の緯線）よりも北を北緯，南を南緯といいます。
　④日本の領土はおよそ北緯20～46度，東経123～154度の範囲に位置しています。地図2中のいのインドは北部が日本と同じ緯度の範囲にあり，うのオーストラリアは中央の大部分が日本と同じ経度の範囲にあります。本初子午線が通るあのイギリスの経度は日本と大きくことなり，緯度も日本より高くなっています。また，えのブラジルは緯度・経度とも日本と大きくことなります。
　⑤地図は球体である地球をさまざまな方法で平面上に表したものなので，地球の模型である地球儀とはちがい，形，面積，きょり，方位のすべてを同時に正しく表すことはできません。

---

1 自分の解答と **答え** をつき合わせて，答え合わせをしましょう。

2 答え合わせが終わったら，問題の配点にしたがって点数をつけ，得点らんに記入しましょう。

3 まちがえた問題は，**考え方** を読んで復習しましょう。

保護者の方へ

　この冊子では，**問題の答え**と，**各回の学習ポイント**などを掲載しています。お子さま自身で答え合わせができる構成になっておりますが，お子さまがとまどっているときは，取り組みをサポートしてあげてください。

① 世界と日本

答え

1 ① ユーラシア大陸

② A 太平洋　　B 大西洋

③ ウ

④ インド，中華人民共和国（中国）

⑤ ウ

⑥ （例）国土が海に面していないという特色。

2 ① 赤道　② A 経線　　B 緯線

③ あ　④ ウ

⑤ （例）赤道からはなれるほど，実際よりも面積が大きく表されるという点。

丸つけのポイント

1 ⑥ 「国土」という言葉を使い，「海に面していない」という内容があれば正解です。「国土のまわりがすべて陸である」としても正解です。

2 ⑤ 「面積」という言葉を使い，「（面積が）大きく表される」という内容があれば正解です。

考え方

1 ① 世界最小の大陸はオーストラリア大陸です。

② 世界には３つの広い海があります。大きい順に，太平洋・大西洋・インド洋です。地球の表面積のうち，およそ10分の7が海です。

陸
約１億
4700万km²

表面積
約５億
1000万km²

海
約３億
6300万km²

2017年　理科年表

地球の海と陸の面積の割合

④ 人口が10億人以上の国はインドと中国です。世界の６つの州（アジア州・ヨーロッパ州・アフリカ州・北アメリカ州・南アメリカ州・オセアニア州）のうち，世界の総人口の半分以上は，インドや中国のあるアジア州に住んでいます。

⑤ アはインド，イは中国，ウは大韓民国（韓国）の国旗です。

⑥ モンゴルのように国土が海に面していない国を内陸国といいます。日本のように四方を海に囲まれている国を島国（海洋国）といいます。

2 ② 経線で表される地球上の位置を経度といい，東西に180度ずつあります。緯線で表される地球上の位置を緯度といい，南北に90度ずつあります。

③ 子午線は経線の別名です。本初子午線は経度０度の経線のことで，あのイギリスの首都ロンドンを通過しています。本初子午線よりも東を東経，西を西経といいます。赤道（緯度０度の緯線）よりも北を北緯，南を南緯といいます。

④ 日本の領土はおよそ北緯20〜46度，東経123〜154度の範囲に位置しています。地図２中のいのインドは北部が日本と同じ緯度の範囲にあり，うのオーストラリアは中央の大部分が日本と同じ経度の範囲にあります。本初子午線が通るあのイギリスの経度は日本と大きくことなり，緯度も日本より高くなっています。また，えのブラジルは緯度・経度とも日本と大きくことなります。

⑤ 地図は球体である地球をさまざまな方法で平面上に表したものなので，地球の模型である地球儀とはちがい，形，面積，きょり，方位のすべてを同時に正しく表すことはできません。

答え

1 ① **ウ**

② **B 与那国島　　C 南鳥島**

③ **東京都**

④ **A 択捉島**

　　E 国後島

⑤ **ロシア連邦（ロシア）**

⑥ （例）島が海中にしずんでしまうと日本の排他的経済水域の一部が失われてしまうから。

2 ① **X 奥羽山脈　　Y 関東平野**

② **日本アルプス**　　③ **ウ**

④ **記号 b　　川の名前 信濃川**

⑤ （例）外国の川よりも長さが短く、流れが急であるという特色。

⑥ （例）人口は平地に集中している。

丸つけのポイント

1 ⑥「排他的経済水域」という言葉を使い、「排他的経済水域が失われてしまう」という内容があれば正解です。「せまくなってしまう」としても正解です。

2 ②「日本の屋根」でも正解です。

⑤「川の長さが短い」「川の流れが急」という内容が両方あれば正解です。「川の流れが急」は「川の高低差が大きい」としても正解です。

⑥「人口」「平地」という言葉を使い、「人口が平地に集中している」という内容があれば正解です。「人口100万人以上の都市は平地に集中している」「人口の多い都市は平地に集中している」としても正解です。

考え方

1 ①Aは日本の北のはしの択捉島です。Dは南のはしの沖ノ鳥島です。

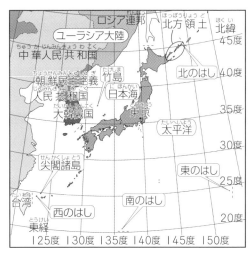

日本の東西南北のはし

③Aの択捉島は北海道、Bの与那国島は沖縄県に属します。

④Fは色丹島、Gは歯舞群島です。AとE〜Gの島々をあわせて北方領土といいます。

⑤大韓民国（韓国）は、竹島（島根県）の領有権を主張し、警備隊をおいています。中華人民共和国（中国）は尖閣諸島（沖縄県）の領有権を主張しています。

⑥排他的経済水域は200海里水域ともいい、自国の沿岸から200海里（約370km）以内の水産資源や地下資源はその国のものとする取り決めです。

2 ④aは石狩川、cは北上川、dは利根川（流域面積が日本最大）です。

⑤河口とは川が海へそそぐところで、河口からのきょりが長いほど、その川の長さも長くなります。また、川上の標高が高く、河口からのきょりが短いほど、高低差が大きいので、流れが急になります。

⑥日本の人口は沿岸部の平野や内陸部の盆地などの平地に集中しています。とくに多いのが東京（23区）、名古屋市、大阪市を中心とする三大都市圏で、全人口の50％近くが集中しています。

答え

1 ① A 南東　　C 北西
　② B 太平洋　　　D 日本海
　③ 台風　　④ つゆ
　⑤ (例) 一年を通じて降水量が少ない
　　という特色。

2 ① ウ
　② A ア　　D イ　　F ウ
　③ ⒤
　④ (例) 海上からのしめった季節風が
　　日本列島をこえるときに雨雲や雪雲
　　をつくり，雨や雪を降らせる。

丸つけのポイント

1 ⑤「降水量が少ない」という内容があ
れば正解です。

2 ④「しめった (季節) 風が日本列島を
こえるときに雲をつくる」という内容が
あれば正解です。

考え方

1 ③台風は発達した熱帯低気圧ともいい，
強い風と大雨をもたらします。台風が接
近すると高潮が発生する場合があります。
　④北海道は本州と比べると，台風やつ
ゆのえいきょうをあまり受けません。
　⑤中央高地の気候と瀬戸内海の気候に
区分される地域では，夏の季節風も冬の
季節風も山地によってさえぎられるため，
一年を通じて降水量が少ないのが共通し
た特色です。

2 ①Dの都市は冬でもあたたかい気候な
のでアはまちがいです。Bの都市は夏は
高温になるのでイはまちがいです。Aは
札幌市，Bは新潟市，Cは松本市，Dは
高松市，Eは静岡市，Fは那覇市です。
　②アは12月と1月，2月の気温が

0度以下であることから北海道の気候，
イは冬でもあたたかく年中降水量が少な
いことから瀬戸内海の気候，ウは1月
でも気温が15度以上あることから南西
諸島の気候のグラフであるとわかります。
　③夏の季節風は太平洋側からふき，太
平洋側の地域に雨をもたらします。次の
図は，冬 (2月) の季節風の主な向きと，
降水量が多いところを示しています。季
節風のえいきょうで，日本海側に降水量
が多くなっていることがわかります。

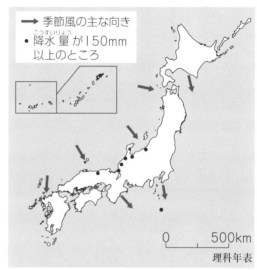

2月の降水量が150mm以上の地点

答え

1 ① 季節風
　② (例) 沖を暖流の対馬海流が流れ
　　ている (ので，空気があたためられ
　　るから。)
　③ (例) 屋根のかたむきを急にしてい
　　る。
　④ A イ　　B ウ　　C ア
　⑤ 米
　⑥ イ

② ① A ６ B つゆ C 二重
　② A 記号－**ウ**　地名－根釧台地
　　B 記号－**ア**　地名－石狩平野
　③ （例）湿地に生息する水鳥などの生き物を守るため。
　④ てんさい

丸つけのポイント

① ②「対馬海流」「暖流」の両方があるほうが良いですが，「暖流が流れている」だけでも理由を説明したことになります。「対馬海流が流れている」だけの場合は海流の性質がわからないため，正解にはなりません。
　③「屋根」という言葉を使い，「かたむきが急」という内容であれば正解です。
　⑤「稲」でも正解です。
② ③「水鳥」「湿地」という言葉を使い，「生き物を保護する」または「湿地を守る」という内容であれば正解です。

考え方

① ③屋根にたくさん雪が積もると，家をおしつぶしてしまうことがあるので，雪下ろしが必要になります。雪下ろしは危険な作業なので，なるべく雪が積もらないくふうが必要です。なお，屋根の雪が下に落ちてとなりの家や通行人にめいわくをかけないようにするために，最近では，屋根を内側にかたむけて，とけた雪を屋根の間のみぞから排水させるようにくふうをした家も多くみられます。
　④雪の多い地域では，雪に対するさまざまなくふうがなされています。問題で取り上げた３つ以外の雪に対するくふうとして，流雪溝の設置があります。流雪溝は，道路のはしに設けたみぞに河川の水などを流し，積もった雪をすてることのできる施設で，雪の多い地域で見られます。

　⑤稲を育てるには大量の水を必要とします。新潟県では主にコシヒカリという品種を栽培しています。
　⑥しめった空気は糸の品質を保ち，豊かな雪解け水は染色に役立ちます。
② ① C他に寒さを防ぐくふうとして，かべやゆかに断熱材を入れたり，家の土台を冬でもこおらない深いところからつくったりしています。
　②太平洋側には寒流の親潮(千島海流)が，日本海側には暖流の対馬海流が流れていることに注目しましょう。**イ**は十勝平野で，**ウ**の根釧台地より南に位置しており，大きな河川が流れていて，水が得やすいことから野菜づくりがさかんです。
　③ラムサール条約によって，湿地に生息する生き物が保護されています。
　④てんさいは，「ビート」「さとうだいこん」ともいいます。

第１章　日本の国土
⑤　あたたかい地方のくらし

答え

① ① **ウ**　② **イ**　③ **イ**　④ **ア**
　⑤ （例）沖縄県には大きな川がなく，雨が降ってもすぐに海に流れ出てしまうから。
　⑥ さとうきび
　⑦ （例）外国から安いパイナップルが輸入されるようになったから。
　⑧ **ウ**
　⑨ 琉球王国
　⑩ アメリカの軍用地

丸つけのポイント

① ⑤「大きな川」「海」という言葉を使い，「大きな川がない」「すぐに海に流れ出る」の両方があれば正解です。

⑦「外国」という言葉を使い、「外国から輸入」「安い」の両方があれば正解です。

⑩「アメリカ軍の基地」「米軍基地」でも正解です。

考え方

1 ② ソウルとマニラは那覇市から1500km以内に位置していますが、ペキンは1500kmよりも遠くはなれた場所に位置しています。地図1中では示されていませんので、地図帳で首都の位置を確かめておきましょう。

③ 那覇市の平均気温は毎月10度以上ですが、東京の平均気温が10度を下回っているのは12月・1月・2月・3月の年4回だけですので、アはまちがいです。また、降水量は全般的には那覇市のほうが多いですが、7月と10月に限っては東京のほうが多いので、ウはまちがいです。

④ 台風の強い風を受けにくくするために、屋根を低くし、石がきや防風林を家のまわりにもうけています。また、風で屋根のかわらが飛ばないようにしっくいでとめています。戸を広くするのは、風通しをよくするためで、暑さ対策です。

⑤ ⑧の問題文にある「さんごしょうが変化した、水を通しやすい土地」であることも、水不足の原因の1つです。

⑥ さとうきびは、さとうの原料になる作物です。さとうきびは、温暖な気候で育つため、沖縄県に適した作物で、沖縄県は農作物の作付面積の半分以上がさとうきびです。しかし、さとうきびは作業の手間のわりに収入があまり得られないため、さとうきびの生産量は以前よりも大きく減少しています。

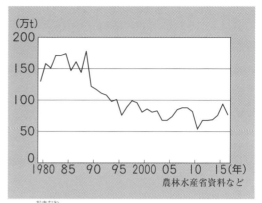

沖縄県のさとうきびの生産量の変化

⑧ 稲を育てるには大量の水が必要です。そのため、米作りは大きな河川の流域や、雪解け水が豊富な地方でさかんだといえます。

⑨ 琉球王国の都にあった首里城のあとなどが、ユネスコの世界文化遺産に登録されています。沖縄県には、多くの観光客がおとずれます。

⑩ 日本にあるアメリカ軍用地の約7割が沖縄県に集中しており、その面積は沖縄県の面積の約8%（那覇市のある沖縄島に限ると約15%）をしめています（2018年）。アメリカ軍用地の周辺地域では、飛行機によるそう音や事故など、さまざまな問題がおきています。

第1章 日本の国土
6 低地のくらし

答え

1 ① A 揖斐川　　B 長良川
　　C 木曽川
② 濃尾平野
③ 輪中　　④ ア　　⑤ イ
⑥ （例）名古屋市などの大都市に近く、新鮮なうちに野菜や果物をとどけることができるから。

2 ① A 霞ケ浦　　B 利根川

② 水郷

③ (例) 人が運ぶよりも，重い荷物を運ぶことができる点。

④ イ

丸つけのポイント

1 ⑥「名古屋市」「新鮮」という言葉を使い，「大都市に近い」「農産物を新鮮なうちに出荷できる」の両方の内容があれば正解です。

2 ③「重い荷物を運べる」という内容があれば正解です。「大量に運べる」という内容も正解です。または，「低い湿地が広がっており，人が歩いて運ぶよりも楽に運べる」といった，水郷の交通事情に注目したものも正解です。

考え方

1 ④ふだん生活をする家（母屋）よりも土台が高くなっているのが水屋です。水屋の中には食料などがたくわえられ，中で数日過ごせるようになっています。

⑤輪中は自然にできたものでなく，人々が堤防を築いてできたものです。輪中では，古くから治水工事が行われてきました。江戸時代に，薩摩（今の鹿児島県）の武士たちが長良川と揖斐川を分ける工事を担ったことが知られています。

⑥Xの地域の近くには大都市である名古屋市があります。野菜などが多く消費される大都市の近くで野菜をつくれば，新鮮なうちにとどけることができます。このような，消費地への近さを利用した農業を近郊農業といいます。

2 ③水運では舟を使用するので，人の手で運ぶよりも重い荷物を運ぶことができます。茨城県潮来市は，かつて東北地方の物産を運ぶ舟が出入りし，港として栄えました。

答え

1 ① A 浅間山　　B 八ヶ岳
C 御嶽山

② ウ　　③ イ

④ (例) 夏は長野県から東京に運ばれるはくさいが多く，冬は茨城県から東京に運ばれるものが多い。

⑤ (例) 長野県以外の産地では，気温が高くてはくさいをつくることが難しく，東京に運ばれる量が減るから。

2 ① イ

② (例) 高地では平地が少ないから。

丸つけのポイント

1 ④「夏」「冬」という言葉を使い，夏は長野県産，冬は茨城県産という特ちょうを示せていれば正解です。茨城県産の多い季節として，冬だけでなく，「冬から春」と書いても正解です。

⑤「気温」という言葉を使い，長野県以外の産地の気温が高いことか，長野県の気温が低いためはくさいを生産できる環境であることを示せており，東京に運ばれる量が減ることにもふれていれば正解です。

2 ②「平地」という言葉を使い，「平地が少ない」という内容があれば正解です。

考え方

1 ②信濃川は日本で最も長い河川です。長野県では千曲川とよばれ，新潟県では信濃川とよばれます。新潟県の越後平野を流れた後，日本海に注いでいます。

③グラフ1の茨城県水戸市と長野県野辺山原の線を比べると，すべての月において，長野県野辺山原の線が下にあり

ます。つまり，すべての月で，月別平均気温は長野県野辺山原のほうが低くなっています。また，長野県野辺山原の月別平均気温は，1月と2月の－5度（マイナス）が最も低くなっています。また，月別平均気温は，8月の19度が最も高く，20度をこえる月はありません。

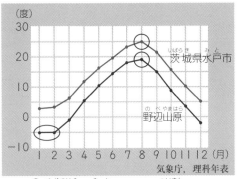

野辺山原と水戸市の月別平均気温

❹グラフ2の県ごとの棒グラフの高さに注目しましょう。11月から5月にかけては，茨城県から運ばれるはくさいが多くなっています。いっぽう，6月から10月にかけては，長野県から運ばれるものが大半をしめています。

❺グラフ2を見ると，気温が低い1月から2月は茨城県や群馬県から東京に運ばれる量が多く，気温が上がり出す3月から5月も茨城県産が多くなっています。しかし，気温が高くなる6月から9月は，長野県産が大半をしめ，ねだんも上がっています。

長野県の主要なはくさいの産地である野辺山原は，標高が高く，関東地方の平野部と比べてすずしい地域となっています。長野県のはくさいは，気温のちがいを生かして，他の産地と時期をずらして生産することで，高いねだんで売ることができています。

高地のすずしい気候を生かした農業は，野辺山原や群馬県嬬恋村でさかんに行わ

れています。

2 ❶火力発電所は，主に海沿いの地域にあります。火力発電は，石油や石炭，液化天然ガスなどを燃料にしています。燃料の輸入に便利な海沿いや，電気の需要が大きい都市部に近い地域に，火力発電所が建てられています。山地では，川にダムを建設して水力発電を行っている地域もあります。

❷棚田は，平地が少ない山地などで稲を栽培するために，斜面を切り開いてつくられたものです。中央高地にあたる岐阜県や長野県などのものが知られています。日本海に面した斜面にある，石川県の白米千枚田も有名です。

棚田の様子

第1章 日本の国土
グレードアップ問題

答え
1 ❶ 1920年 大阪府
2019年 香川県
❷ （例）沿岸部をうめ立てたから。
❸ （例）山梨県のみ内陸県でうめ立てを行えないから。
❹ A 択捉島 B 国後島
2 ❶ ウ ❷ 新潟県
❸ （例）かつて都がおかれていた地域

8

からのきょりが近い順に,「前」「中」
「後」と名づけたため。

③ ①ウ ②イ ③ア
④ X 最上川　Y 利根川

④ ① (例) 沖縄県には川が少なく,地下
ダムをつくることで水不足に備えて
いるから。

② エ, オ, キ, ク

丸つけのポイント

① ②「沿岸」という言葉を使い,「うめ
立てをした」という内容があれば正解で
す。「工業の発展により工業用地を確保
するためにうめ立てをした」という内容
があっても正解です。

③「内陸県である」という内容があれ
ば正解です。

② ③「かつて都がおかれていた地域」
「きょり」という言葉を使い,都からの
きょりと,「前」「中」「後」の関係を述
べていれば正解です。

④ ①「沖縄県で水不足がおこりやすい」
という内容があれば正解です。

考え方

① ①②大阪湾沿岸の地域では工業用地の
確保などのために,沿岸部のうめ立てが
さかんに行われました。その結果,大阪
府の面積が香川県の面積を上回るように
なりました。京葉工業地域が位置する千
葉県なども,うめ立てによって面積が大
きくなりました。

③表１の５道府県のうち,山梨県の
みが内陸県です。沿岸部のない内陸県で
は,うめ立てなどによる面積の増加はあ
まりないため,面積の変動が小さいとい
えます。都道府県の面積は,測量方法
や都道府県境界の変更などで,変動す
ることがあります。

④地図１中の白い地域は,南樺太や
千島列島です。この地域はかつて日本の
領土でしたが,第二次世界大戦 (1939
～1945年) でやぶれた日本はその領
有を放棄しました。そのため,北海道の
面積が大きく減少しました。A～Dの
北方領土の領有は放棄しておらず,現在
も日本固有の領土ですが,第二次世界大
戦終結の前後からソビエト連邦 (現在の
ロシア連邦) によって不法に占拠され続
けています。なお,Aが択捉島,Bが国
後島,Cが色丹島,Dが歯舞群島です。

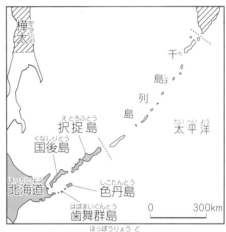
北方領土

② ①濃尾平野の名は,岐阜県の旧国名の
１つである美濃と,愛知県の旧国名の１
つである尾張に由来します。信濃は長野
県の旧国名,伊豆は静岡県の旧国名の１
つです。長良川の「長良」は,旧国名と
は無関係です。

③備前・備中・備後は,吉備という
国が３つに分割されてできました。都
から近い順に,「備」と「前」「中」「後」
を合わせて,名づけられました。

③ ①奥羽山脈は東北地方を南北につらぬ
く日本最長の山脈です。群馬県と新潟県
の県境に位置するのは越後山脈です。

②飛驒山脈は,日本アルプスの中で最
も北に位置しています。飛驒山脈と木曽
山脈の間には,木曽川が流れています。

③四国山地が太平洋側からの夏の季節
風をさえぎるため，高知県などでは降水
量が多くなります。いっぽう，瀬戸内地
方では，四国山地と中国山地に季節風が
さえぎられるため，年間の降水量が少な
くなっています。

四国山地で最も標高が高いのは，標高
1982mの石鎚山です。3000m級の
山が多くある日本アルプスに比べて，低
いですが，険しい山が多くなっています。

4 ①沖縄県には川が少なく，水不足にな
りがちです。沖縄県では，家の上に貯水
タンクを設置している家も多く見られま
す。地下ダムは，沖縄県などのダムをつ
くりにくい地域で水を貯めるためのくふ
うです。地下ダムの水は，主に農業用水
として利用されています。

②アは東南アジアのシンガポール，**イ**
はアフリカのカイロ（エジプトの首都），
ウはバロー（アメリカ合衆国のアラス
カ州の都市），**カ**はイルクーツク（ロシ
ア連邦のシベリア地方の都市）です。**ア**
は1年を通して平均気温が高く，赤道
近くの都市のものと考えられます。**イ**は
降水量が少なく，乾燥している地域の都
市のものと考えられます。**ウ**は，平均気
温が全体的に低いことから，北極や南
極に近い高緯度の都市のものと考えら
れます。**カ**は，平均気温が低いうえに，
夏と冬で平均気温に大きな差があること
から，内陸部の都市のものと考えられま
す。

日本の都市の雨温図は，**エ**が香川県の
高松市，**オ**が新潟市，**キ**が東京，**ク**が
那覇市のものです。

答え

1 ① A 北海道（地方）
　　 B 東北（地方）
② 新潟（県）
2 ① 季節風
② 南東
③ （例）夏に日照時間が長いこと。
④ （例）冬に大量に降った雪が雪解け
　　水となってもたらされて得る。
3 ① A イ B エ C ウ D ア
② イ
③ イ

丸つけのポイント

2 ③「夏」という言葉を使い，「日照時
間が長い」という意味の内容があれば正
解です。

④「雪」という言葉を使い，「雪が解
けて水になる」という意味の言葉があれ
ば正解です。

考え方

1 ①北海道は，新潟県とならんで，米の
生産がとくにさかんな都道府県として知
られています。また，東北地方も米どこ
ろとして有名で，とくに日本海に面した
秋田県や山形県の米の生産量は全国有数
です。

②新潟県が位置する中部地方の日本
海側の地方は，「北陸地方」とよばれ，
米作りがさかんです。

2 ①夏の季節風は太平洋側に雨をもたら
すいっぽうで，日本海側にはあたたかく
かわいた空気をもたらし，高い気温を保
ちます。この風は，ぬれた稲の葉をかわ
かし，病気を防ぐとともに，葉をゆらし
て日光を十分に当てて，じょうぶな稲を

育てることから, 地元の人々は「宝の風」とよびます。

❸グラフ2を見ると, 酒田市は, 8月を中心に, 夏の日照時間が東京を上回っていることがわかります。

❹グラフ3を見ると, 酒田市は東京と比べて冬の降水量が多いことがわかります。この時期の酒田市は気温が低く, この降水は雪になって積もります。田植えの時期には気温が上がり, この雪は解けて農業用水に利用されます。

③ ❶イの田おこしは冬の間にかたくなった土をトラクターで何度もほりおこし, やわらかくする作業, エの代かきは田に水を入れてから, さらに土のかたまりをくだいて, 田の表面を平らにする作業です。

❷アの種もみは, 実がつまっておらず, 軽くて水にうくので, なえとして育てるには不向きです。

❸リモコンで操作する小型のヘリコプターを使うには特別な資格が必要です。また, このヘリコプターは高価で, 保管する場所も必要なため, 地域の人たちがお金を出し合い, 共同で所有することが多いのです。

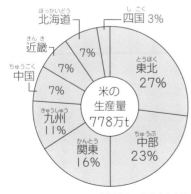

2018年　農林水産省資料
※四捨五入により, 合計が100%にならない場合があります。
米の地方別生産量の割合

答え

1 ❶ 品種改良　❷ 化学肥料
❸ たい肥　❹ 有機（農法）
❺ 長所：（例）安全でおいしい米を消費者にとどけることができる。
短所：（例）手間がかかり, 収穫量が少ない。

2 ❶ コンバイン
❷ （例）お金を出し合って, 共同で所有するようにする。
❸ （例）田の形を四角く, 大きさもそろえている。

丸つけのポイント

1 ❺長所は「安全」「おいしい」, 短所は「手間」「収穫量」の両方がそれぞれあれば正解です。

2 ❷「共同」という意味の言葉があれば正解です。
❸「四角」または「広く（大きい）」という言葉があれば正解です。

考え方

1 ❹アイガモは害虫や雑草を食べてくれるので, 農薬の使用をおさえることができ, ふんが肥料になることから, 有機農法において利用されています。

2 ❶最も作業時間が減ったのは「稲かり・だっこく」で, グラフ1を見ると1965年には52.3時間かかっていたのが, コンバインを使うことで2.3時間になっています。なお, トラクターは田おこしなどに利用する農業機械です。
❷複数の農家がお金を出し合って共同で買って所有する以外に, 農家が集まってつくった農業協同組合（JA）が農業機械を買い, 組合員の農家にレンタ

ルするケースもあります。

③近年，農業機械は大型化しており，作業をしやすいように，四角く，大きさもそろえるかたちでのほ場整備（耕地整理）が行われています。

答え

1　① ＪＡ
　② カントリーエレベーター
　③ （例）運ぶためにかかった費用（輸送費）

2　① ア
　② （例）稲の作付面積が減ってきたから。
　③ （例）農業で働く59才以下の人の割合が低下している。（農業で働く人の大部分が60才以上である。）

丸つけのポイント

1　③「運ぶ」という意味の言葉があれば正解です。「売るためにかかった費用（はん売費）」を挙げてもよいでしょう。

2　②「作付面積」「減った」の両方があれば正解です。
　③「59才以下（わかい人）」に着目して書いた場合は「割合が低下」，「60才以上（高齢者）」に着目して書いた場合は「割合が高い」という意味の言葉があれば正解です。ただし，農業で働く人の数は減り続けているので，単に「59才以下の人が減った。」といった文では，十分な答えとはいえません。

考え方

1　②カントリーエレベーターでは，米をもみの状態でサイロという塔のような部分に保管し，注文を受けると，もみが

らをとった玄米の状態にして出荷します。

③米屋やスーパーマーケットでは，輸送費のほかに，はん売費や利益（もうけ）を上乗せして米を売ります。

2　①消費量が減り，米があまるようになったので，生産量を減らす目的で生産調整が行われました。ですのでイはまちがいです。また，日本の米はジャポニカ米といい，加熱するとねばり気がでます。外国の米の中心はインディカ米という，ねばり気が少ない，パサパサした米で，日本人にはなじみが少ないといえます。ですのでウはまちがいです。

②米あまり現象を解消するために，国は稲の作付面積を減らす以外にも，稲以外の作物を育てることをすすめました。現在では，生産量は消費量を下回る年が多くなっています。

③グラフ4を見ると，1990年には全体の5割近くをしめていた59才以下の人々が，2015年には全体の2割ほどにまで減っていることがわかります。

答え

1　① Ｘ 親潮（千島海流）
　　 Ｙ 黒潮（日本海流）
　② 潮目
　③ 1.漁港名 イ 位置 Ｄ
　　 2.漁港名 ウ 位置 Ｃ
　④ （例）太陽の光がよくとどき，海そうや魚のえさになるプランクトンがよく育つから。
　⑤ Ｖ ウ Ｗ イ

2　① イ
　② 漁業の種類：遠洋漁業

12

理由：（例）自由に漁業を行うこと
のできる海域が大きく減ったため。

丸つけのポイント

1 ④「太陽の光」「プランクトン」とい
う言葉を使い，魚のえさが豊富にあるこ
とを書いていれば正解です。

2 ②「海域の減少」という意味の言葉
があれば正解です。

考え方

1 ①Xの親潮（千島海流）は栄養分が豊
かな海流で，魚のえさになるプランクト
ンが増えやすいことから「親潮」という
名前がついています。

③長崎漁港には沖合漁業でとれた魚が，
焼津漁港には遠洋漁業でとれた魚が，そ
れぞれ主に水あげされます。アの銚子漁
港は千葉県に位置する漁港で，いわしや
さばなどの沖合漁業がさかんです。エの
石巻漁港は宮城県に位置する地図中Bの
漁港です。地図中Aには北洋漁業の基地
である釧路漁港が位置しています。

④とくに東シナ海に大陸棚は広がって
います。

⑤Vは「群れで泳ぐ」とありますから，
群れをあみで囲いこむウのまきあみ漁，
Wは「海底近く」とありますから，ふくろ
状のあみを引っ張るイの底びきあみ（ト
ロール）漁を選びましょう。なお，アは
いかつり漁，エははえなわ漁の図です。

2 ①1970年代初頭は，遠洋漁業の生
産量が最も多くなっているのでアはまち
がいです。沿岸漁業の生産量は遠洋漁業
を上回るようになり，順位が変化してい
るのでウはまちがいです。

②200海里水域は沿岸の国が沿岸か
ら200海里（約370km）の海域の水
産資源と地下資源を管理する権限を持つ
水域で，1977年以降，各国がこの水

域を設定したことによって，日本の漁船
はこれまでのように自由に漁をすること
ができなくなりました。また，1973
年に起きた石油危機による燃料代の急
激な値上がりも遠洋漁業に大きな打撃を
あたえました。

第2章 わたしたちの生活と食料生産
⑤ 漁業を支えるしくみと魚かい類の輸入

答え

1 ① 栽培漁業：イ
養しょく業：ア

② （例）食べ残しがあると，海がよご
れるので，えさを多くあたえすぎな
いこと。

③ イ ④ X：ウ Y：ア Z：イ

2 ① ア ② イ

③ （例）魚に高い値がつき，収入が
増える。

④ イ

丸つけのポイント

1 ②「多く」「よごれ」の言葉を使い，「え
さを多くあたえる」「海がよごれる」と
いう意味の内容が両方あれば正解です。

2 ③「魚に高い値がつく」「収入が増える」
のいずれかの意味の内容があれば正解です。

考え方

1 ②近年，養しょくでの魚のえさは，生
の小魚などではなく，かわいた配合飼
料をあたえることが多くなっています。

③養しょくに適しているのは，えさ代
がかかっても高く売れ，いけすの中であ
まり移動しなくてもよい魚種です。いわ
しは値段が安い魚で，イのたい以外は群
れて泳ぐため，養しょくにはあまり適し
ていません。

④アのかき類は広島湾や仙台湾，イの

13

ぶり類は鹿児島湾や大分県，**ウ**のほたて貝は北海道のサロマ湖や内浦湾（噴火湾），青森県の陸奥湾で養しょくがさかんです。

[2] ② **イ**は実用化されておらず，現在は新幹線の一般車両を用いた荷物輸送が行われています。高速道路を利用し，保冷車で魚を運ぶ方法が一般的ですが，エアーポンプなどを使って，魚を生きたまま運ぶ輸送方法なども開発されています。

④ 日本が高い値段をつけると，相手国の輸出業者は大量に日本に輸出します。その結果，相手国での水産物の価格が上がり，その国の人々があまり食べられなくなるおそれがあります。

第2章 わたしたちの生活と食料生産
6 いろいろな農産物

答え

[1] ① 酪農　② ウ
③ X ア　Y ア
④ （例）新鮮なたまごを安い輸送費で市場に出荷できるから。
⑤ ウ

[2] ① （例）あたたかく，雨が多い。
② さとうきび：沖縄県
てんさい：北海道
③ 1.イ　2.ウ　3.ア

丸つけのポイント

[1] ④ 「安い」という言葉を使い，「安い輸送費」「新鮮」という意味の内容があれば正解です。「新鮮」のかわりに「早く（出荷できる）」という言葉でもよいでしょう。

[2] ① 「あたたかい」「雨が多い」という意味の言葉が両方あれば正解です。

考え方

[1] ② 北海道は，東京都，大阪府などの

大消費地からはなれているので，**ウ**はまちがいです。飲料用は新鮮さが要求されるため，首都圏では関東地方の牛乳が利用されることが多く，北海道の牛乳は主に乳製品に加工されます。

③ 九州南部に広く分布している水もちの悪い火山灰土をシラスといいます。

④ たまごは肉に比べて安価で，こわれやすいうえに，新鮮さが要求されるため，輸送に時間と費用をかけられません。また，牛の飼育には広い土地が必要ですが，にわとりは牛に比べると飼育に広い土地が必要ではないことも，大都市近郊で飼育がさかんな理由の1つといえます。

⑤ 日本国内での肉類の消費量は増加傾向にあるので，**ウ**はまちがいです。

[2] ① 茶の栽培は，静岡県では牧ノ原，鹿児島県では笠野原でさかんです。茶の生産においては，解答の気候条件だけではなく，「日当たりがよく，水はけのよい土地」という条件も重要な要素です。

② さとうきびは沖縄県だけでなく，鹿児島県でも生産がさかんです。てんさいは「ビート」「さとうだいこん」ともいいます。

③ 1.和紙の原料としては，こうぞのほかに，みつまた・がんぴなどがあります。2.ゆうがおの主産地は栃木県です。3.食用油の原料は，なたね以外にも，綿やべにばな，ごま，大豆など数多くあります。なお，こうぞ・ゆうがお・なたね以外の主な工芸作物として，いぐさとこんにゃくいもについて，産地の特徴を知っておきましょう。たたみおもてに使われるいぐさは，国内では主に熊本県で生産されています。こんにゃくの原料となるこんにゃくいもは，国内では主に群馬県で生産されています。

答え

1 ① 1位 **イ** 2位 **ウ**
　　3位 **ア** 4位 **エ**
　② **イ**
2 ① 1.**イ** 2.**ア** 3.**ウ**
　② 1.**エ** 2.**イ** 3.**ウ** 4.**ア**
　③ （例）広い耕地で，大型機械を使っ
　　て，大規模に栽培しているから。

丸つけのポイント

2 ③「広い耕地」「大規模に栽培（大規
模経営）」という意味の言葉が両方あれ
ば正解です。

考え方

1 ①稲の栽培には夏の高温と豊かな水が
必要です。日本海に面した1位〜4位
の道県は，夏はフェーン現象で気温が
上がり，豊富な雪解け水を農業用水に利
用できます。

　②米の産地として，①で述べた条件
を満たしているのは**ア**の石狩平野です。
小麦の主産地となる**イ**の十勝平野は火山
灰土で水田には不向きな土質のうえ，親
潮（千島海流）のえいきょうで気温は低
く，畑作が中心です。**ウ**の根釧台地は十
勝平野よりさらに気温が低く，夏にはき
りが発生して日照不足となるので，畑作
にも不向きで，第二次世界大戦（1939
〜1945年）後，酪農を行うために大
規模に開拓されました。

2 ①1は北海道の割合がとても高いこ
とから，3つの選択肢の中ではじゃがい
もであると判断しましょう。2は長野県
と群馬県は高冷地での抑制栽培，茨城
県は近郊農業と考えてレタスを選びます。
3は茨城県は近郊農業，宮崎県と高知県

はビニールハウスを利用した促成栽培で
有名であることから，夏野菜のピーマン
を選びます。

　②地図だけでは，全国にしめる割合や
順位がわからないのでむずかしい問題で
すが，4つの地図中に1度だけ登場す
る道県に注目すると，答えを導きやすく
なります。具体的には，1（きゅうり）
では福島県，2（だいこん）では北海道，
3（キャベツ）では愛知県，4（なす）
では高知県に注目するとよいでしょう。

　③農家の経営規模が他の都府県に比べ
てとても大きいことから，北海道では農
業の所得が全体の所得の半分以上をしめ
る農家の割合が高くなっています。なお，
北海道では野菜の生産がさかんですが，
畜産も同様にさかんなため，農業出荷
額にしめる野菜の割合は，さほど大きく
ありません。

答え

1 ① 果物：りんご　県：青森（県）
　② 1.みかん　2.日本なし
　③ 1.**ア** 2.**ウ**
　④ （例）雨が少なく，水はけがよいこと。
2 ① （例）大都市に近いこと。
　② コールドチェーン
　③ （例）あたたかい気候を利用し，出
　　荷時期をずらすことで，高値で売れ
　　るから。

丸つけのポイント

1 ②2は「洋なし」と区別するため，「な
し」ではなく「日本なし」と答えましょう。
　④「雨が少ない」「水はけがよい」と
いう意味の言葉が両方あれば正解です。

② ①「大消費地への輸送時間が短いこと」でも正解です。

③「気候」「高値」という言葉を使い，「あたたかい」「出荷時期をずらす（おくらせる）ことで高値で売れる」という意味の内容が両方あれば正解です。

考え方

① ② Iはあたたかい気候の地域に集中していることに注目しましょう。1991年のオレンジの輸入自由化などもあり，近年，みかんの生産量は急激に減少しています。2は千葉県や「二十世紀」という品種の産地として有名な鳥取県に着目し，日本なしと判断しましょう。

③ぶどうとももの生産量は山梨県が日本一です。④にもあるように，ぶどうとももは，栽培に適した条件が共通しており，生産上位県は似通っています。ただし，ももの生産量2位の福島県はぶどうの上位県にあたらない点が，見わけるときのポイントになります。

④内陸に位置する山梨県の甲府市は，年間を通じて降水量が少ないという特徴があります。

② ①高価な花の場合は，飛行機が輸送に用いられることもあります。

③きくは日照時間が短くなるとつぼみをつける性質があるため，愛知県の渥美半島などの温暖な地域では，冬にビニールハウス内に暖房を入れ，電灯をつけて，開花時期をおくらせる抑制栽培が行われます。沖縄県は亜熱帯に位置していることから，ビニールハウス内に暖房を入れなくても，電灯をつけるだけで開花時期の調整が可能です。沖縄県からの花の輸送には飛行機を利用する必要があるため，輸送費が高くつきますが，品薄の時期に高値で出荷できるため，きくや洋ランな

どの生産がさかんです。

答え

① ① (例) 高原は夏でもすずしいから。

② I. ビニールハウス
2. (例) ビニールハウス内の暖房

③ (例) 品薄の時期に出荷すると，高い価格で売ることができるから。

② ① 1. イ　2. ア　3. ウ

② X オ　Y イ

③ ア　④ 地

丸つけのポイント

① ①「夏」「すずしい」の両方があれば正解です。

③「高く売れる」という意味の言葉があれば正解です。

考え方

① ①長野県では八ケ岳山ろくの野辺山原を中心にレタス栽培がさかんです。この地域にある野辺山駅は標高1346メートルの位置にあり，JR線では最も高い場所にある駅です。

②石油の価格が上がると，ビニールハウス内の暖房費だけではなく，市場に運ぶためのガソリン代も値上がりするので，もうけが小さくなります。

③長野県や高知県は市場から遠いため，輸送費は多くかかります。しかし，ほかの産地からの入荷が少ない品薄の時期は高い価格で売ることができるため，輸送費や暖房費がかかっても，もうけることができます。

② ①自動車の短所は，大量の品物を運ぶことができないことです。船の短所は，輸送に時間がかかることです。飛行機の

短所は，空港までの移動時間がかかること，輸送費が高いことです。

③問題のような表示は，消費者を安心させるためのものです。

④「地産地消」は，消費者に新鮮な農産物をとどけ，地元の農業を活性化するばかりでなく，輸送にかかるガソリンの消費がおさえられることから地球温暖化防止にも役立っています。

答え

1 ① 人数：(例) 1965年に比べ，働く人の数は大きく減っている。

年齢別の割合：(例) 働く人の過半数が60才以上である。

② (例) 食生活が洋風化した。

③ イ

2 ① Ⅹ わら　Ｙ たい肥

② ウ　③ ア

丸つけのポイント

1 ①人数は「減っている」という意味の言葉があれば正解です。年齢別の割合は「60才以上の割合が高くなっている」または「59才以下の割合が低くなっている」というどちらかの意味の言葉があれば正解です。

② 「洋風」か「洋食」という意味の言葉があれば正解です。

考え方

1 ②日本の伝統的な食事は，米を主食に，魚や野菜が主菜・副菜ですが，いずれも手に入れる量は減っています。大きく増えている牛乳・乳製品や肉類は，欧米の食事に多くとり入れられている食料です。

③日本で禁止されている農薬が外国で

禁止されていない場合もあり，安全性に問題があるものも見られるので，イはまちがいです。

2 ①わらは牛のえさや畜舎の敷きわらなどに利用されます。

②植物工場での水耕栽培では液体の肥料を使います。また，植物工場の建物のほかに，水や温度を管理するコンピューターなどの設備にお金がかかるため，生産費は高くなります。ですので，ウはまちがいです。

③かつて牛にＢＳＥという伝染病が発生したことがあり，安全性を徹底し，消費者に安心をあたえるため，10けたの個体識別番号の表示が法律で義務づけられました。なお，問題の個体識別番号は実在しない番号です。

答え

1 ① イ

② 1. カナダ，アメリカ合衆国，フランス

2. ウ

③ 1. 小麦　2. 野菜

3. 肉類，魚かい類

④ イ

⑤ (例) 国内産の食料が売れなくなること。

2 ① (例) マングローブの林を切って，えびの養しょく場をつくっているから。

② (例) 食料生産は人口が増えるほどには増えず，食料不足になる。

丸つけのポイント

1 ⑤「国内産」「売れなくなる」という

意味の言葉が両方あれば正解です。「国内産」は「自分たちでつくった」といった表現でもかまいません。なお，売れなくなる結果として，「仕事を失う」点を挙げてもよいですが，「売れなくなる」点も必ず挙げるようにしましょう。

2 ❶「マングローブの林を切る」ことを「えびの養しょく場」と結びつけて書けていれば正解です。

　❷「食料不足」という意味の言葉があれば正解です。

考え方

1 ❶国内で消費する量のうちの海外から輸入にたよる量の割合は「輸入依存率」といいます。

　❷カナダ，アメリカ，フランスは，いずれの国も日本より面積が広く，農業の機械化が進んだ国です。日本の食料自給率は先進国の中ではとても低く，低下傾向が続いています。

　❸2.米に次いで自給率が高いのは野菜です。野菜はいたみやすく，長時間の輸送に適していないものや安価で高い輸送費に見合わないものが多いため，比較的自給率が高い食料です。

　❹和食とは，日本風の食べ物のことで，食材が外国産であるか国内産であるかは無関係なので，**イ**はまちがいです。

2 ❶食料輸入によって，相手国の環境が破壊されたり，相手国が輸出を優先した結果，その国の国民がその食料を食べられなくなることもあります。

　❷アジアやアフリカの発展途上国を中心に，人口が急激に増えており，食料不足が深刻化しています。今後，輸入相手国で食料が不足してくると，日本が必要な量を輸入できなくなる可能性も高まります。

答え

1 ❶ 1.グラフⅠ：**ウ**　グラフⅡ：**Z**
　　2.グラフⅠ：**ア**　グラフⅡ：**Y**
　　3.グラフⅠ：**イ**　グラフⅡ：**X**

　❷（例）しょうゆ・みそ・とうふ・納豆などから1つ

　❸（例）ニュージーランドは日本と季節が反対だから。

　❹（例）とうもろこしはにわとりのえさに利用されており，とうもろこしの輸入量が減るとえさ代の値上がりをまねくことになるから。

2 ❶（例）会社を定年退職した人。

　❷機械

　❸**イ**

3 ❶ 1.千葉県
　　2.オホーツク海
　　3.（例）寒流の親潮（千島海流）と暖流の黒潮（日本海流）がぶつかりあう潮目が沖合にあるから。

　❷（例）東日本大震災で，津波によって大きな被害を受けたから。

丸つけのポイント

1 ❸「季節」の言葉を使い，日本と反対ということについて書いていれば正解です。

　❹「とうもろこしがえさとして利用されている」という内容があれば正解です。

2 ❶「定年退職」という意味の言葉があれば正解です。

3 ❶ 3.「親潮と黒潮がであう（ぶつかる）」という内容，または「潮目」という意味の言葉があれば正解です。

　❷「東日本大震災で被害を受けた」という内容があれば正解です。

1 **①** 1.文章中に「消費量のほとんどを輸入にたよって」いるとあることから，グラフⅠは自給率の最も低い**ウ**，「気温が高く雨が多いと品質が下が」るとあることから，グラフⅡはフィリピンがふくまれる**X**やタイがふくまれる**Y**はあてはまらないと考えましょう。

2.文章中に「自給率は少し持ち直してい」るとあることから，グラフⅠは**ア**，グラフⅡは牛肉の輸入先としてアメリカ以外にオーストラリア，とり肉の輸入先としてタイ，ぶた肉の輸入先としてカナダがあてはまる**Y**です。

3.文章中に「自給率は50％を下回ってい」るとあることから，グラフⅠは**イ**，グラフⅡは文章中に「日本で最も多く消費されている果物はバナナ」とあることから，フィリピンがふくまれる**X**を選びましょう。

日本で消費される量が多い果物は次の表のようになっています。

果物名	消費量（千t）
バナナ	987※1
うんしゅうみかん	682※2
りんご	634※2

※1　輸入分のみで国内生産分はふくまれていない。
※2　国内生産分のみで輸入分はふくまれていない。
（2017年）　　　　　　　　　　　（農林水産省資料）

輸入される果物のうち，およそ60％が果汁などへの加工用で，ブラジルからのオレンジ果汁，中国からのりんご果汁が多くなっています。

③ 日本は，6月～9月ごろの気温が高くなっていますが，ニュージーランドは，12月～3月ごろの気温が高くなっています。このことから，日本とニュージーランドの季節が反対であることがわかります。冬は日本産のかぼちゃの入荷量が少なくなりますが，ニュージーランドやメキシコなど，日本とは季節や気候がことなる国々で生産されたかぼちゃが輸入されるため，冬でもかぼちゃは店頭にならんでいます。なお，ニュージーランドは南半球にある島国で，オーストラリアの東に位置しています。北海道中部の名寄盆地に位置する和寒町は，名寄市とともに，北海道を代表するかぼちゃの主産地です。

④ たまごの食料自給率は，およそ96％（2017年）で，日本の食料のなかでは安定して高い自給率を維持しています。しかし，にわとりを育てるのに必要なえさ用のとうもろこしは，ほぼ100％輸入にたよっています。現在，国産の米をにわとりをはじめとする家畜のえさに用いる動きが広がっています。

2 **①** この問題は，「新しく農業をはじめた人」についての問いであることに注目し，60才以上になって新しく農業をはじめるということは，それまでどのように過ごしていたのかを考えてみましょう。

② 耕地を少ない人数で耕せるということは，中国より日本のほうが，さらに日本よりアメリカのほうが，農作業に機械を積極的に利用していると考えることができます。

③ 1haあたりの肥料消費量は，多い順に**エ→イ→ウ→ア**です。3つめのヒントから，**ウ**がブラジルとわかります。**ア**，**イ**，**エ**については，きっちりと計算しなくても，大まかな対比で求めることができます。肥料消費量が少ないにもかかわらず穀物生産量が最も多い**ア**が，2つめのヒントからアメリカとわかります。**イ**と**エ**を比べると，穀物生産量はほぼ同じ

ですが，肥料消費量が**エ**は**イ**を大きく上回っています。１つめのヒントから，**エ**が中国とわかり，残った**イ**が日本です。

3 ① １．利根川の河口に位置する銚子市（千葉県）の銚子漁港は，さばやいわしが水あげされる日本有数の漁港です。

２．北海道は，日本海・オホーツク海・太平洋に面していますが，紋別港や網走港が面しているのはオホーツク海です。

３．「魚が多く水あげされる理由」ですから，潮目について書きましょう。海流がぶつかりあうことで海底の栄養分がまきあげられ，魚のえさになるプランクトンがたくさん発生するため，魚が多く集まるうえ，暖流と寒流の両方からの魚で種類も豊富です。三陸海岸の南部はリアス海岸で天然の良港となり，漁業が発達する重要な要素ですが，「魚が多く水あげされる理由」にはあてはまりません。

② 2011年3月11日に起きた大地震による巨大な津波は，主に宮城県・岩手県・福島県の臨海部に大きな被害をもたらしました。石巻漁港や気仙沼漁港をはじめとする宮城県の漁港や水産業に関係する施設も大きな被害を受けましたが，復旧・復興にむけた努力が続けられています。

第3章 わたしたちの生活と工業生産
1 工業の種類と日本の工業の特徴

答え
1 ① **イ**
② タオル **オ** テレビ **ア**
③ 八幡製鉄所
2 ① （例）重化学工業の割合が増加し，軽工業の割合が減少した。
② 太平洋ベルト
③ （例）交通の便がよく，海に面しているため，原料や製品の輸送に便利だから。
④ **C** ⑤ 加工貿易

丸つけのポイント
2 ① 「増加」「減少」という言葉を使い，重化学工業の増加と軽工業の減少について書いていれば，正解です。なお，「重化学工業」と「軽工業」は，それぞれの増減の中心である「機械工業」と「せんい工業」と表してもかまいません。ただし，「機械工業の金額が増加し，せんい工業の金額が減少した」だと，**グラフ１**からはそれぞれの年代の金額はわかりませんので，正解にはなりません。

③ 「輸送」という言葉を使い，交通の便がよく海のそばは原料や製品の輸送に便利だという内容が書いてあれば，正解です。

考え方
1 ①**A**はすいはん器です。せんたく機やそうじ機も，機械工業の発達によってできた工業製品です。日本は，1950年代の半ばから急速に工業が発展しました。電化製品が次々とつくられ，人々のくらしは，とても便利になっていきました。

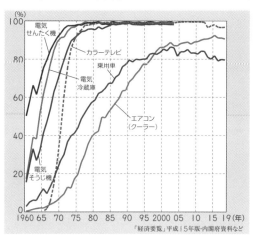

日本の電化製品などのふきゅう率

❸ 20世紀（1901年〜2000年）のはじめにつくられた八幡製鉄所では，同じ福岡県にある筑豊炭田の石炭や，中国から輸入した鉄鉱石をもとに鉄鋼（鉄）を生産していました。八幡製鉄所での鉄鋼の生産が，日本の重工業のはじまりです。

2 ❸ 鉄鉱石や石炭など，海外からの輸入にたよっている原料が多く，それらの原料がとても重いため，海から近いと船から運ぶのに便利ですし，また，工場でつくった製品の輸送にも便利だからです。

❹ Aは原油，Bは天然ゴムです。木材以外は，ほぼ100％海外からの輸入にたよっているということがわかります。かつては日本国内でも石炭を大量に産出していましたが，安い海外の石炭の輸入がさかんになるにつれ，国内の大きな炭鉱は次々に閉山されていきました。

第3章　わたしたちの生活と工業生産

2　重化学工業―自動車工業―

答え

1 ① 鉄

② Ａ ウ Ｂ エ Ｃ イ Ｄ ア

③ ウ　　④ 関連工場

⑤ （例）効率よく自動車を生産することができる。

2 ① アメリカ合衆国（アメリカ）

② ウ

③ （例）働く機会が増える。

④ （例）自動車の排出ガスにふくまれる二酸化炭素が，地球温暖化を引きおこしている。

丸つけのポイント

1 ⑤ 生産時のむだの少なさが書けていれば，正解です。また，部品を保管する場所や管理する手間が省けることを挙げてもよいでしょう。

2 ③ ほかに「自動車づくりの技術を身につけることができる。」「自分たちの生活に合った自動車をつくりやすくなる。」などでも正解です。

④ 「二酸化炭素」という言葉を使い，二酸化炭素が地球温暖化を引きおこすことが書けていれば，正解です。

考え方

1 ③ 1人ですべての部品を取りつけるのではなく，役割が決められた複数の人で分担して取りつけるので，ウはまちがいです。自動車は機械やロボットを使いながら流れ作業で効率的につくられますが，かんやこつの必要な組み立てや検査の作業では，人の力が必要とされています。

④ 自動車工業のさかんな愛知県豊田市には，組み立て工場の何倍もの関連工場があります。

⑤ 注文に応じて，関連工場が必要な部品を，必要な数だけ必要な時間に組み立て工場にとどけるしくみを，ジャスト・イン・タイムといいます。

2 ② 1995年，1996年，2009年の輸出台数は，400万台を下回っていますので，ウはまちがいです。

③ 組み立て工場や関連工場がつくられると，そこで多くの現地の人々がやとわれて働きます。

④ 二酸化炭素が地球温暖化の原因になることのほかにも，排出ガスにふくまれる窒素酸化物は，大気おせんの原因になります。このため，ハイブリッドカーや電気自動車などの環境にやさしい自動車の研究・開発がさかんにすすめられています。

答え

1 ① 鉄鉱石　② **ウ**

③ （例）輸入した原料を陸あげしやすい海沿いの場所。

④ （例）自動車づくりに必要な鉄を、製鉄所から自動車工場へ運ぶのに都合がよい。

⑤ **ウ**

2 ① ナフサ

② 石油（化学）コンビナート

③ **ア**　④ **イ**

丸つけのポイント

1 ③ 「原料」「輸入」という言葉を使い、「輸入した原料を陸あげしやすい（原料を輸入しやすい）」「海沿い（海に面した）」という内容が書けていれば、正解です。

④ 自動車工場（組み立て工場）に鉄（鉄板）を運ぶのに便利であることが書けていれば正解です。「便利」な点を「輸送時間が短くてすむ」「運ぶのにお金が少なくてすむ」などと、具体的に書いてもよいでしょう。

考え方

1 ② 鉄をつくるのに必要な主な原料は、鉄鉱石・石炭（コークス）・石灰石です。このうち鉄鉱石と石炭はほとんどを輸入にたよっていて、いずれも主にオーストラリアから輸入しています。

③ 鉄鉱石や石炭は、主に船で輸入しているため、原料を陸あげする海沿いに工場があるほうが便利です。また、できた製品を輸送するのにも便利です。

④ 愛知県の東海市の近くには豊田市が、神奈川県の川崎市の近くには横浜市があり、いずれも自動車工業がさかんな都市として知られています。

⑤ 飛行機の機体の材料は軽いほうがよいため、金属では主にアルミニウムが使われています。なお、最新の飛行機では、より軽量な機体になるよう、金属より軽くてじょうぶな炭素せんいと樹脂の複合材料が多く用いられるようになっています。

2 ③ 原油（石油）を石油タンカーで輸入するため、石油コンビナートが海沿いにある点に着目して**ア**を選びましょう。なお、**イ**は主な自動車工場の場所、**ウ**は主な集積回路（ＩＣ）の工場の場所を表しています。（出典　**ア**：石油化学工業協会資料、**イ**：日本自動車工業会資料、**ウ**：産業タイムズ社資料）

④ 日本では、大部分の石油（原油）を輸入にたよっており、とくにサウジアラビアやアラブ首長国連邦をはじめとする西アジアの国々から多く輸入しています。

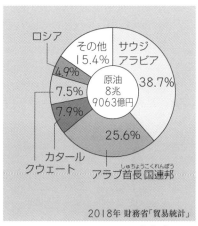

日本の原油（石油）の輸入先

4　軽工業，伝統工業

答え

1　① ウ　② ア

③ （例）原材料となる農水産物の生産地の周辺の地域。

④ エ

2　① せんい（工業）　② ア

3　① A ア B オ C エ D ウ

E イ

② 中小工場

③ （例）伝統的工芸品の技術を受けつぐわかい後継者を育てること。

丸つけのポイント

1　③「生産地」という言葉を使い，「原材料の生産地の近く」という内容が書けていれば，正解です。

3　③「後継者」という言葉を使い，「（後継者を）育てる」という内容があれば，正解です。

考え方

1　① 食料品の工場では，消費者が安心して食べられる製品をつくるために，衛生面に気をつけたり，きびしい検査を行ったりしています。なお，**ア・イ・エ** も働く人や生産するときには大切なことですが，「衛生面に気をつけた，清潔な服装」をする理由としては適切ではありません。

② 質のよさにも気をつけて仕入れる必要があるので，**イ**はまちがいです。より多くの消費者のニーズに応えるため，種類を少数にしぼりすぎないでつくるのが一般的なので，**ウ**はまちがいです。

③ 米の生産地ではせんべいやもちの工場，酪農がさかんな地域では乳製品の工場といったように，その地域で生産さ

れるものを原材料にした食料品工場が多くなっています。

④ 菓子のほか，飲料や調味料なども食料品工業にふくまれますが，薬品は化学工業にふくまれます。

2　① かつての日本では，糸をつむいだり，布や衣服をつくったりするせんい工業が工業の中心でしたが，第二次世界大戦後，工業の中心は機械工業などの重化学工業に変化していきました。なお，第二次世界大戦とは，1939年から1945年まで続いた，多くの国が参加して争った世界規模の大きな戦争のことです。日本はこの戦争に参加してアメリカ合衆国(アメリカ)などと戦い，やぶれました。

② 2016年の軽工業の割合は，12.6％と1.3％と14.5％の合計，つまり28.4％です。305兆1500億円に28.4％をかけると，軽工業の生産額が算出できます。

3　① 主な伝統的工芸品については，つくられている都道府県とセットで覚えておきましょう。天童将棋駒は山形県，備前焼は岡山県，西陣織は京都府，箱根寄木細工は神奈川県，輪島塗は石川県の伝統的工芸品です。

② 働く人が300人以上の工場を大工場，300人未満の工場を中小工場といいます。伝統的工芸品は，比較的小さな工場でつくられています。

③ 伝統的工芸品は，地元の原料や材料を主に使い，昔ながらの技術を受けつぐ工業です。高齢化が問題になり，わかい後継者が不足しています。

答え

1 **①** 京浜工業地帯　**A**

阪神工業地帯　**C**

② （例）船を利用した原料や製品の輸送に便利だから。

③ **あ**　京浜（工業地帯）

い　中京（工業地帯）

う　阪神（工業地帯）

④ （およそ）1.6（兆円）

2 **①** **A** **ウ**　**B** **エ**　**C** **カ**

② （例）石炭から石油にかわった。

③ **D**　記号─**イ**　都市名─豊田(市)

E　記号─**ウ**　都市名─四日市(市)

丸つけのポイント

1 **②**「船を利用」「原料や製品の輸送（輸出入）に便利」の両方があるほうがいいのですが，「原料や製品の輸送（輸出入）に便利」だけでもまちがいではありません。「船を利用するから」だけの場合は石油化学工場や製鉄所でどのように船を利用するのかがはっきりしないため，正解にはなりません。

2 **②**「石炭」から「石油」というように，2つのエネルギーを正しい順に挙げていれば，正解です。

考え方

1 **①** Bは中京工業地帯です。

② 鉄鋼の原料や，製鉄所でつくった製品は重量があるため，主に船を使って輸送します。ですから，積みおろしをするのに港の近くが便利です。また，石油化学工場も，原料となる石油（原油）の大部分は，海外から石油タンカーで運ばれてきますので，工場は海沿いにあるのが好都合です。

③ 工業生産額の内訳で，機械工業の割合が大きいのは中京工業地帯，金属工業の割合が大きく，機械工業の割合が比較的小さいのは阪神工業地帯，食料品工業の割合が比較的大きいのは北九州工業地域となります。なお，**グラフ1**のように，工業生産額が表されている場合は大きなヒントになります。最大の規模をほこる中京工業地帯の金額が目だって大きい点に注目しましょう。

④ 9.3 × 0.17 = 1.581（兆円）

小数第2位を四捨五入すると，1.6（兆円）です。

2 **②** 安い石油が大量に輸入されるようになり，エネルギー源の中心が石炭から石油へとかわっていきました。そうしたなかで，筑豊炭田をはじめとする福岡県の炭鉱は，次々と閉山していきました。

③ **ア**は自動車工業がさかんな太田市（群馬県），**エ**は石油化学工業や金属工業がさかんな堺市（大阪府），**オ**は製鉄所のある北九州市です。

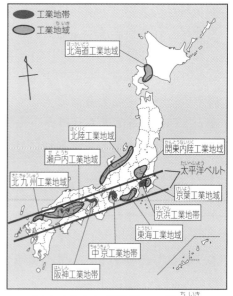

日本の主な工業地帯・工業地域

答え

1 **①** 京葉工業地域　**C**

　　　瀬戸内工業地域　**E**

　② X：**B**　Y：**A**

　③ あ **イ** い **ウ** う **エ**

　④ （例）全国の工業生産額にしめる割合が大きくなっている。

2 **①** 1.ウ　2.イ　3.ア　　**②** ウ

丸つけのポイント

1 **④**「全国にしめる割合が大きくなった」という内容があれば正解です。

考え方

1 **①** 京葉工業地域は，京浜工業地帯の延長線上に発達しています。なお，**A**は北海道工業地域，**B**は北陸工業地域，**D**は東海工業地域です。ちなみに，工業地域の工業生産額は，その工業地域にふくまれると一般的に考えられている都道府県の生産額を合計して算出します。関東内陸工業地域は栃木県・群馬県・埼玉県の合計，瀬戸内工業地域は岡山県・広島県・山口県・香川県・愛媛県の合計，北陸工業地域は新潟県・富山県・石川県・福井県の合計です。北海道工業地域は北海道，京葉工業地域は千葉県，東海工業地域は静岡県の生産額です。

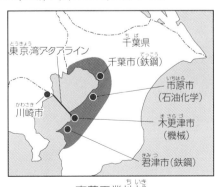

京葉工業地域

③ 関東内陸工業地域と東海工業地域は，自動車やオートバイなどの生産がさかんで，機械工業の割合が大きいのが特徴です。京葉工業地域と瀬戸内工業地域は，湾岸に石油コンビナートが広がり，化学工業と金属工業の割合が比較的大きいのが特徴です。とくに，京葉工業地域は化学工業がさかんです。なお，関東内陸工業地域と瀬戸内工業地域の工業生産額の大きさにも注目しましょう。グラフ2からもわかるように，阪神工業地帯や京浜工業地帯とならぶ規模の工業地域に成長しています。

④ 古くから工業が発達していたところでは，用地や用水が不足し，交通じゅうたいなどの問題もおこりました。そこで，その他の地域でも工業が発達するようになりました。とくに関東内陸工業地域は，高速道路網が整備されて便利になり，インターチェンジ（高速道路の出入り口）の周辺を中心に大きな工場が数多くつくられるようになりました。

2 **①** 1.地図に示されているのは広島市，豊田市，田原市（愛知県），湖西市（静岡県），太田市です。2.地図に示されているのは倉敷市，四日市市，川崎市，市原市，神栖市（茨城県）です。3.地図に示されているのは四国中央市（愛媛県），春日井市（愛知県），富士市（静岡県），新潟市，苫小牧市（北海道）です。（出典：1～3とも経済産業省「工業統計表」（市区町村編））

② 比較的高価で軽量な電子機器は，飛行機での輸送に向いています。千歳市と苫小牧市にまたがる新千歳空港は，旅客輸送も貨物輸送もたいへんさかんな日本有数の空港です。空港の近くにある工業団地には数多くの工場がつくられていて，

電子機器などの生産がさかんです。

答え

1 ① **イ** ② **ウ**

③ (例) 受けつぐわかい人が不足して
います

2 ① **ア** 同じ　**イ** 軽工業
ウ・エ 金属工業・化学工業

② **ア**

③ (例) 日本の中小工場がもつ技術や
知識を手に入れるため。

丸つけのポイント

1 ③「わかい人」という言葉を使い, (技
術を)「受けつぐ (引きつぐ) わかい人
が不足している(少ない, 育っていない)」
という内容があれば正解です。句点は不
要です。

2 ③「技術」「知識」という言葉を使い,
「(技術や知識を) 手に入れるため」とい
う内容があれば正解です。

考え方

1 ①働く人が300人以上の工場を大工
場, 300人未満の工場を中小工場とい
います。**グラフ1**の中の「工場の数」
のグラフを読み取りましょう。およその
数で考えると, 大工場は1%, 中小工
場は99%になり, 中小工場は大工場の
99倍になりますので, これに最も近い
イが答えとなります。

②大工場と中小工場の工業生産額はほ
ぼ同じなので, 工場数が少ないほうが1
工場あたりの工業生産額は多くなり, 働
く人の数が少ないほうが働く人1人あ
たりの工業生産額は多くなります。

③中小工場は大工場に比べて賃金が安

いなど働く人にとっての条件がよくな
いので, わかい人が集まりにくくなって
います。

2 ①小さな設備で軽い製品を生産するせ
んい工業や食料品工業を軽工業といいま
す。大きな設備で重い製品を生産する金
属工業や機械工業を重工業といい, 同じ
く大きな設備で製品を生産する化学工業
と合わせて重化学工業といいます。

②中小工場で生産された部品を大工場
で組み立てるので**イ**はあやまりです。同
じ製品の大量生産が得意なのは大きな設
備をもつ大工場のほうなので**ウ**はあやま
りです。

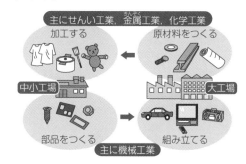

大工場と中小工場のつながり

③日本の高い技術が海外へ流出するの
ではないかと心配されています。

答え

1 **ア** オーストラリア
イ アメリカ合衆国 (アメリカ)
ウ サウジアラビア
エ 中華人民共和国 (中国)

2 (例) 輸出も輸入も機械類の割合が最
も高い。

3 **ア** せんい品　**イ** 機械類
ウ 自動車　**エ** せんい原料
オ 石油

4 ① 成田国際空港 **ウ**　名古屋港 **イ**

　　② （例）成田国際空港は集積回路の輸出や輸入が多く，名古屋港は自動車の輸出が多いから。

2 「輸出も輸入も機械類の割合が最も高い」「輸出も輸入も機械類が最も多い」という内容があれば正解です。また，1位の「機械類」だけではなく上位品目をまとめるかたちで「工業製品が上位をしめている」といった表現でもよいでしょう。

4 ② 「成田国際空港は集積回路の輸出や輸入が多く，名古屋港は自動車の輸出が多い」という内容があれば正解です。なお，名古屋港の場合，自動車の「輸出」という点が大切ですので，「貿易品として自動車がある」といったあいまいな表現ではなく，「輸出」であることがはっきりとわかる文章を書くようにしましょう。

考え方

1 食料の輸入では，小麦，大豆，とうもろこしなどの輸入先1位はアメリカです。中国が輸入先1位なのは，魚かい類や野菜のほか，衣類やコンピュータなどです。

2 中国とアメリカとの貿易で割合が最も高いのは，輸出も輸入も機械類であることを読み取ります。

3 1960年ごろの日本は，せんい原料を輸入し，せんい品を輸出する加工貿易がさかんでした。2018年は輸出も輸入も1位は機械類で，輸出品の2位は自動車，輸入品の2位は石油です。

4 ①航空機では，集積回路などの小型，軽量で高価なものが運ばれますので，**ウ**が成田国際空港だとわかります。名古屋港は自動車工業がさかんな豊田市の近く

にあるため自動車の輸出が多いので，**イ**が名古屋港だとわかります。

	港・空港	貿易額
1位	成田国際空港	25.2兆円
2位	名古屋港	17.8兆円
3位	東京港	17.7兆円
4位	横浜港	12.5兆円
5位	神戸港	9.3兆円

2018年　財務省「貿易統計」
貿易額が多い港

第3章　わたしたちの生活と工業生産
9 貿易に関わる問題

答え

1 ① **ア**　資源（エネルギー資源）
　　イ　製品（工業製品）
　　ウ　逆

　② **A ウ**　**B ア**　**C エ**
　　D イ

　③ （例）せんい品などの軽工業中心から機械類や自動車などの重工業中心へと変化してきた。

2 ① アジア

　② **ア**　輸入額　**イ**　輸出額

　③ （例）国内の製造業がおとろえて，仕事を失う人が増えるという問題。

1 ③ 「軽工業から重工業（重化学工業）中心へ変化した」「せんい品から機械類中心へ変化した」「せんい工業から機械工業中心へ変化した」など中心となる工業の種類の変化についての内容があれば正解です。

2 ③ 「国内の製造業（工業）がおとろえる」「仕事を失う人（失業者）が増える」という内容があれば正解です。

1 ②日本の輸出品は，年代が古いほどせんい品の割合が高くなります。このことからグラフを年代の古い順にならべると，**ウ→ア→エ→イ**となります。

2 ①アメリカ合衆国は北アメリカ，ドイツはヨーロッパ，オーストラリアはオセアニアに位置しますが，その他はすべてアジアに位置しています。**表1**から，アジアの中でもとくに中国との貿易がとてもさかんになり，アメリカを上回る規模になっていることがわかります。

②日本の輸入額のほうが輸出額よりも多くなると，相手国は貿易黒字（貿易で利益がある状態）となり，日本の輸出額のほうが輸入額よりも多くなると，日本は貿易黒字になります。

③国内の工場が海外へ移転すると，その分だけ国内の工業生産が減り，製造業がおとろえます。また工場が海外へ移転すると，それまでその工場で働いていた人が仕事を失うことになります。国内工場が海外に移転した結果，国内の製造業がおとろえることを「産業の空洞化」といいます。

第3章　わたしたちの生活と工業生産
グレードアップ問題

答え

1 ① タンカー　　② イ　　③ 鉄鋼
④ アメリカ合衆国（アメリカ）
⑤ （例）重くかさのあるものを大量に，安い運賃で運ぶことができる。

2 ① A ア　B ア　C イ
D ウ
② ア （工業）原料　　イ 瀬戸内海
ウ 愛知

③ （例）高速道路などの道路網が整備され，交通の便がよくなったから。

3 ① ウ
② ア 伊万里（焼）
イ 西陣（織）　　ウ 輪島（塗）
③ （例）あとつぎが不足している

4 （例）自国の産業をまもるため。

5 （例）どのような人にも使いやすいという点ですぐれている。

丸つけのポイント

1 ③「鉄」でも正解です。
⑤「重いもの（かさばるもの）を大量に運べる」「安い運賃（料金）で運べる」という内容が両方あれば正解です。

2 ③「整備」という言葉を使い，「高速道路が整備されて，交通の便がよくなった（輸送が便利になった）」という内容があれば正解です。インターチェンジ付近に工業団地ができた点を挙げてもよいですが，その場合でも必ず「高速道路の整備」とセットで書きましょう。

3 ②ア「有田（焼）」でも正解です。
③「あとつぎ」という言葉を使い，（あとつぎが）「不足している」「いない」という内容があれば正解です。なお，（　C　）の後には「という問題をかかえており」という文が続きますので，句点は不要です。

4 「自国の産業をまもるため」「自国の産業がおとろえるのを防ぐため」という内容があれば正解です。「自国に安い輸入品が大量に入ってこないようにするため」といった内容でもよいでしょう。

5 「どのような人でも使える」「どのような人にも使いやすい」という内容があれば正解です。「どのような人」の部分を「車いすの人」「赤ちゃんを連れた人」「手すりがあって」など具体的に述べても正解です。なお，**図2**より**図1**のトイレ

のほうが広い点を挙げてもよいのですが，広いことでどのようなよいことがあるのか（例：車いすの人がトイレの中で動きやすい）についても挙げるようにしましょう。

1 ①船体内に大型（おおがた）のタンク（液体（えきたい）を入れる容器（ようき））をそなえているため，タンカーとよばれています。

②ＬＮＧは液化天然ガスの略称（りゃくしょう）です。液化石油ガスの略称はＬＰＧです。天然ガスはメタンが主成分，石油ガスはプロパンやエタンが主成分の気体です。炭酸（にさんかたんそ）ガスは二酸化炭素のことです。フロンガスはかつてエアコンなどの冷却剤（れいきゃくざい）として使われていたガスです。

③オーストラリアやブラジルから主に輸入されている，工業原料となる資源Ｃは鉄鉱石（てっこうせき）です。鉄鉱石は石炭（コークス）や石灰石（せっかいせき）とともに鉄鋼をつくる原料となります。

④作業員が運転して積みこむことができるＤは自動車です。日本の最大の自動車の輸出先はアメリカです。

2 ①室蘭市（北海道（ほっかいどう））や北九州市（福岡（ふくおか）県）のほか，東海市（とうかい）（愛知県（あいち））や福山市（広島県（ひろしま））などにも製鉄所はありますが，石油コンビナートはありません。四日市市（三重県（みえ））のほか，市原市（いちはら）（千葉県（ちば））や周南市（しゅうなん）（山口県（やまぐち））などにも石油コンビナートはありますが，製鉄所はありません。浜松市（静岡県（しずおか））は自動車工業がさかんですが，製鉄所や石油コンビナートはありません。なお，千葉市，川崎市（かわさき）（神奈川県（かながわ）），倉敷市（くらしき）（岡山県（おかやま）），大分市（おおいた）には製鉄所と石油コンビナートの両方があります。

3 経済産業省（こうれいしゃ）は国の役所の１つで，国内の産業をさかんにしたり，貿易（ぼうえき）をさかんにしたり，資源やエネルギーを確保（かくほ）したりする仕事を主におこなっています。

②アは佐賀県（さが）の焼き物，イは京都府（きょうと）の織物（おりもの），ウは石川県（いしかわ）の漆器（しっき）（うるしぬりの器）です。

4 図の国産牛肉と外国産牛肉の価格（かかく）を比べてみましょう。関税が課されていない場合，外国産の牛肉は国産牛肉の三分の二の価格で手に入れることができます。このように大きな差があると，外国産を買い求める人が増（ふ）え，国産が売れなくなってしまうおそれがあります。ですので，自国の産業をまもるため，一定の関税が課され，国産と外国産の価格差を小さくしているのです。

5 どんな人にも使いやすいようにくふうされたデザインのことをユニバーサルデザインといいます。図２のトイレは，車いすの人が簡単（かんたん）に出入りすることはむずかしいでしょう。いっぽう，図１のトイレは，車いすの人もゆったりと出入りすることができるように設計（せっけい）されています。また，トイレのまわりに手すりがあり，立ったりすわったりするときに便利です。さらに，出入り口の近くにはおむつかえシート（ベビーシート）があり，赤ちゃんといっしょに出かけた保護（ほご）者にとっては，とてもありがたい施設（しせつ）です。このようなトイレは多機能（たきのう）トイレといいます。

高齢者（こうれいしゃ）も体が不自由な人も，すべての人が，区別なく社会の中で普通（ふつう）の生活をおくる「ノーマライゼーション」の世の中をきずいていくことが現在（げんざい）は求められていて，ユニバーサルデザインを取り入れたものや場所などはじょじょに増えています。

第4章 情報化した社会とわたしたちのくらし
1 情報を伝える仕事

答え

1 ① 仕事　取材

　　行う人　記者

② 編集

③ ウ

④ テレビのニュース番組　**ア・ウ**

　　新聞　**イ・エ**

⑤ （例）情報を正しく伝えること。

2 ① A エ　B イ

　　C ウ　D ア

② A エ　B イ

3 （例）日本は他の国に比べて人口1人あたりの新聞発行部数が多い。

丸つけのポイント

1 ⑤ 「情報」という言葉を使い，「（情報が）正確である」という内容があれば正解です。

3 「人口1人あたり」という言葉を使い，「人口1人あたりの（新聞）発行部数が多い」という内容があれば正解です。

考え方

1 ③ テレビ局や新聞社は，関係者で編集会議をおこない，どのような情報をどれくらいの重要度で取り上げるのかなどを決めて，独自に編集をおこないます。ニュース番組のしちょう者や新聞の読者からの要望は大切ですが，要望があった情報だけを取り上げるわけではありませんので，**ア**はまちがいです。また，ニュース番組や新聞によって，取り上げる情報はまちまちですので，**イ**はまちがいです。

④ 新聞の紙面は主に文字のほか，写真やイラストなどの画像で構成されています。テレビのニュース番組は，映像と音声が中心となって構成されていますが，

文字や写真などで情報をおぎなうこともあります。

メディア	情報の送り手	情報の種類
テレビ	テレビ局	映像，音声など
新聞	新聞社	文字，画像
インターネット	さまざまな人	映像，音声，文字，画像など

さまざまなメディアの特徴

⑤ 情報を「早く」「わかりやすく」伝えることも大切ですが，多くの人に向けて一度に情報を送るマスメディアであるテレビ局や新聞社は，まちがった情報を伝えると世の中に大きなえいきょうをおよぼすため，正確に情報を伝えることが何よりも大切です。

2 ② テレビ，インターネット，新聞，ラジオのうち，わかい年代の利用時間が長いのがインターネット，年齢の高い世代の利用時間が長いのがテレビと考えられますので，**A**が**エ**，**B**が**イ**となります。表中の**ア**は新聞，**ウ**はラジオです。

3 新聞発行部数は，インドは日本の約8.5～9倍，中華人民共和国（中国）は約2.5～3倍です。いっぽう，人口は両国とも日本の10倍以上なので，人口1人あたりの新聞発行部数は日本のほうが多くなります。アメリカ合衆国（アメリカ）の新聞発行部数は日本とほぼ同じですが，人口は2倍以上なので，人口1人あたりの新聞発行部数は日本のほうが多くなります。日本の人口はドイツの約1.5倍ですが，新聞発行部数は約3倍なので，人口1人あたりの新聞発行部数は日本のほうが多くなります。

30

答え

1 ① インターネット

② ウ

③ 電子化

④ （例）情報を共有することができる

2 ① 電子マネー

② ア，イ，ウ

③ （例）飲み物，食べ物

丸つけのポイント

1 ④「情報」という言葉を使い，「（情報を）共有（分かち合うことが）できる」という内容があれば正解です。句点は必要ありません。

2 ③水やお茶，ジュース，弁当，おにぎり，おかしなど，より具体的に挙げても正解です。また，運動会と関係すると考えられる，日焼け止めやレジャーシートなどを挙げても正解です。

考え方

1 ②テレビやラジオ，新聞でも個人が情報を発信することはありますが，内容についてはテレビ局やラジオ局，新聞社が選んだものとなっており，個人が自由に情報を発信しているわけではありません。

③④医療機関が患者に関する情報を電子化し，ネットワークでその情報を共有することで，効率のよい治療に結びついています。

2 ②アは住所，イは性別，ウは生年月日の情報に関する内容です。ポイントカード作成時にそれらの情報を店側は入手してあるので，宣伝や仕入れなどの検討に役立てることができます。

答え

1 ① ウ

② 電子メール（メール，Ｅメール）

③ （例）氏名や住所，生年月日などの個人を特定できる情報がインターネット上に流出しないように注意する。

2 ① ウ

② ア

③ ア，イ

④ （例）メディアが伝える多くの情報のなかから，自分に必要な情報を選び出し，活用する能力や技能のこと。

丸つけのポイント

1 ③「個人」「情報」という言葉を使い，「（個人の情報が）インターネット上に流出しないようにする」という内容があれば正解です。「氏名や住所」など個人情報の具体例がなくても正解です。

2 ④「必要」「活用」という言葉を使い，「多くの情報のなかから自分に必要な情報を選び出し，活用する能力や技能」という内容があれば正解です。「能力」「技能」のうち，どちらかが書かれていれば正解です。

考え方

1 ①以前から保有率が高いＢがパソコンです。2010年から急に増え始めたＣとＤのうち，比較的保有率の高いＣがスマートフォン，低いＤがタブレット型端末です。なお，統計上Ａの携帯電話・ＰＨＳの保有率には，スマートフォンの保有率がふくまれています。

②問題文で挙げた以外では，「ニュースサイトの利用」（62.2％），「無料

通話アプリやボイスチャットの利用」
（61.3%），「ホームページやブログの
閲覧_{えつらん}や書きこみ，または開設_{かいせつ}・更新_{こうしん}」
（61.2%），「動画投稿_{とうこう}・共有サイトの利
用」（60.4%）などが主な利用目的です。
（総務省「平成 30 年通信利用動向調査」）

❸インターネットを利用するときには，
個人情報の取りあつかいに注意が必要で
す。一度流出した情報は，取りもどすこ
とができません。インターネットを使っ
た犯罪も増加しています。じゅうぶん注
意しましょう。

情報を受け取るときの注意点	・必要な情報を選ぶ。 ・必要のない情報は受け取らない。 ・できるだけ，自分で情報の正しさを確_{たし}かめる。
情報を発信するときの注意点	・正確な情報を送る。 ・ほかの人をきずつける情報や，個人の情報を流さない。 ・ほかの人がつくり出したものを勝手に使わない。

情報_{じょうほう}を取りあつかうときの注意点

2 ❶グラフ 2 から 1997 年は約 1 千万
人，2016 年は約 1 億人がインターネッ
トを利用していると読み取れるので，約
10 倍とわかります。

❷2004 年と 2015 年を比_{くら}べると，
グラフ 2 から利用者数は約 1.25 倍，
グラフ 3 から犯罪件数は約 4 倍に増え
ていることが読み取れるので，増えた割
合は犯罪件数のほうが高いとわかります。

❸ア・イともに，他人の著作権_{ちょさくけん}にふれ
ることになるので禁止_{きんし}されています。

答え

1 ❶ エ
　❷ （例）インターネットもソーシャル
　　メディアも利用率が高いのはわかい
　　年代である。

2 ❶ ウ　　❷ エ
　❸ （例）メールアドレスが文頭の差出
　　人と文末の署名_{しょめい}でちがっている点。

丸つけのポイント

1 ❷「高い」という言葉を使い，「わか
い年代の利用率が高い」という内容_{ないよう}が
あれば正解_{せいかい}です。なお，「高い」を「年
代」と結びつけて，「年齢_{ねんれい}が高い年代ほど，
利用率は低い」といった表現_{ひょうげん}でも正解
です。

2 ❸「メールアドレス」という言葉を使
い，「（メールアドレスが）ちがっている」
という内容があれば正解です。

考え方

1 ❶アにあてはまるのは，13〜19
才，20〜29 才，30〜39 才，40
〜49 才の 4 つの年代です。エ　LINE
や Facebook より，Twitter のほう
が利用率の差が大きくなっています。
YouTube は年代間の利用率に大きな差
はみられません。

❷インターネットを利用して，個人_{こじん}
どうしのコミュニケーションをうなが
すサービスを提供_{ていきょう}するメディアをソー
シャルメディアといいます。

2 ❶メールの本文のおわりに「正しい答
えをお送りします。添付ファイルを見て
くださいね。」とあり，メール差出人は，
添付ファイルを開くことを求めているこ
とがわかります。

❷おかしいと感じたメールの添付ファイルを開いたり，ＵＲＬをクリックしたりすると，コンピューターウイルスとよばれる不正なプログラムが侵入する危険があります。

❸標的型攻撃メールは，情報をぬすむことなどを目的に，特定の個人や会社などをねらって送られてくる不正なメールです。

第5章 わたしたちの生活と環境
１ 日本の森林

答え

1
①ア
②ア　家（家屋，住まい，住居）
　イ　防風林
③Ａ　ウ　Ｂ　ア
④（例）降った雨水をダムのように地中にたくわえるはたらき。

2
①枝打ち
②間伐
③記号　い
　理由（例）ほぼ同じ大きさの同じ種類の木がほぼ同じ間隔ではえているから。

丸つけのポイント

1 ④「雨水」という言葉を使い，「（雨水を）たくわえる」という内容があれば正解です。

2 ③人工林がいであることの理由として「木の大きさがほぼ同じである」「同じ種類の木がはえている」「ほぼ同じ間隔で木がはえている」という内容のいずれかがあれば正解です。

考え方

1 ①イは農用地，ウは宅地です。グラフから日本の国土の約３分の２が森林で

あることがわかります。

❷秋田県の大館曲げわっぱや山形県の天童将棋駒など，木を用いた伝統的工芸品も数多くあります。

❸Ａは青森県と秋田県の境に位置する白神山地，Ｂは鹿児島県に属する屋久島です。白神山地と屋久島は，知床（北海道）や小笠原諸島（東京都）などとともに，世界自然遺産に登録されています。

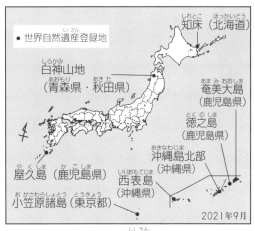

世界自然遺産登録地

❹森林のなかには落ち葉が積もっていて，土中には多くの生物がいます。そのため，森林の土はスポンジのようになっていて，雨水をたくわえるはたらきがあります。

2 ①下草かりは，わかい木の成長をさまたげる雑草をかり取る作業です。下草かりや枝打ち，間伐といった作業は，山の急な斜面で行う重労働であり，林業で働く人は以前と比べて大きく減っています。

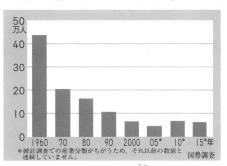

林業で働く人の数の移り変わり

33

③あといを比べると，いのほうが木々がそろっているように見えます。人工林は，手入れがしやすいように，同じ種類の木を，広い面積に植えてあることが多くなっています。

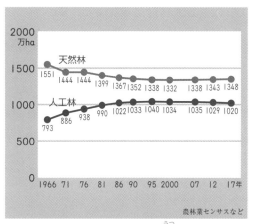

天然林と人工林の面積の移り変わり

答え

1　①A　ア　　B　ウ
　②l　エ　　2　ア
　　3　イ　　4　ウ
　③（例）化学工場の排水にふくまれる有害な有機水銀が体内に蓄積された魚を人間が食べ続けて発生した。

2　①A　イ　　B　ウ　　C　ア
　②D　5　　E　2
　③H　公害対策基本法
　　I　環境基本法
　④（例）新たな公害が発生しないようにするため。

丸つけのポイント

1　③「有機水銀（有害物質）を蓄積した魚を人間が食べた」という内容があれば正解です。「化学工場が有機水銀をふくんだ排水をたれ流した」といった内容だ

けでは，そのことと人間に害がおよんだこととの結びつきがはっきりしないので，じゅうぶんではありません。

2　④「公害」という言葉を使い，「新しい公害が発生しないようにする」という内容があれば正解です。「新たな公害によって人々の健康が害されることのないようにする」といった表現でもよいでしょう。

考え方

1　②1〜3の公害病は水のよごれによって発生しました。4の四日市ぜんそくは，大気のよごれによる公害病です。

四大公害病が発生した地域

③自然界の生物間で見られる「食べる，食べられる関係」を食物連鎖といい，生物が体内にとり入れた物質が分解も排出もされずに残り，それが食物連鎖の関係でより大きな（強い）生物の体内に濃度が高くなって残ることを生物濃縮といいます。水俣病は有機水銀の生物濃縮によって発生しました。

2　①1は水のよごれ，2は大気（空気）のよごれ，3は土のよごれ，4はいやなにおい，5はうるさい音，6はゆれ，7は土地がしずむことです。

②グラフ中のFは4の悪臭，Gは1の水質おだくです。

③1993年に制定された環境基本法では，国内の公害対策だけでなく，地球

規模の環境保全も内容にもりこまれています。

❹環境アセスメント法で対象となる事業は，道路，ダム，鉄道，発電所など，規模が大きく環境に大きなえいきょうをおよぼすおそれのある事業です。

第5章　わたしたちの生活と環境
３　自然災害を防ぐ

答え

1 ❶ イ
　❷ イ
　❸ （例）気象庁は噴火の可能性が高い火山をつねに観測

2 ❶ A　電話
　　　B　渋滞（交通渋滞）
　　　C　鉄道（電車）
　❷ 水道，電気，ガス
　❸ ア
　❹ （例）笛を鳴らすことで，生きうめになっていても，救助活動をしている人に気づいてもらえる可能性が高まる。

丸つけのポイント

1　❸「気象庁」「火山」という言葉を使い，「気象庁が（噴火の可能性が高い）火山をつねに観測（監視）」しているという内容があれば正解です。￣￣のあとの「しています。」に正しくつながるように書くことが大切です。

2　❶A「インターネット」も正解です。
　❹「生きている自分の存在を，視覚的に確認できない人にもアピールできる」という内容があれば正解です。

考え方

1　❶火砕流は高温の火山灰や岩，空気や水蒸気が一体となり，もうれつな勢い

で山を流れ下ってくる現象です。長崎県にある雲仙岳は，1990年に噴火活動が始まり，1991年に起こった大規模な火砕流では，多くの人が命をおとしました。アは長野県，ウは滋賀県，エは岩手県を説明した文です。

　❷地図から，火山監視・警報センターは北海道，宮城県，東京都，福岡県に置かれていることを読み取りましょう。近畿地方や四国地方には，活火山はありません。

2　❷「断水」とあるので1つは水道であるとわかります。家庭などに送られてくるエネルギーは何かと考えると，1つは電気，もう1つはガスであるとわかります。

　❸津波警報や津波注意報が出たときは海岸からはなれて近づかないようにするのが鉄則なので，アはあやまりです。近くに高台などがない場合，大きな津波にそなえて津波避難タワーなどの施設がつくられているところもあります。

　❹堤防の強度を高めたり，堤防を高くするなど災害が起こらないようにすることを「防災」というのに対し，災害が起こることを前提に災害が起こった場合に備えて水や食料を備蓄したり，災害情報を伝達するしくみを整えたり，ハザードマップを作成したり，避難訓練をおこなうなどして災害が起こっても被害を最小限にとどめようとする取り組みを「減災」といいます。ハザードマップは，自然災害が起こったときに，被害が想定されるところや避難する場所などを示した地図です。ハザードマップには，河川の浸水，土砂災害，津波による浸水など，さまざまな自然災害に対応した地図があります。

また，災害が起こったとき，国や県，市町村が救助や支援を行うことを「公助」といいます。自分や自分の家族で，何とか守ろうとすることを「自助」といいます。そして，となり近所の住民同士が協力し合いながら助け合うことを「共助」といいます。ふだんから笛を持ち歩いたり，家にある家具をしっかり固定しておいたりするのは「自助」の例です。

第5章　わたしたちの生活と環境
4　日本の自然災害とその歴史

答え
1 ① あ　富士山　い　桜島
② A：X　　B：Z
③ 1　オ　　2　ウ　　3　エ
④ 太平洋

2 ① ア
② A　エ　　B　ア　　C　イ　　D　ウ
③ なだれ
④ （例）大雨によって川の水かさが急に増え，川から水があふれ出すことによって起こる。

丸つけのポイント
2 ④「大雨」という言葉を使い，「（大雨によって）川の水かさが増え，水があふれ出すことによる」という内容があれば正解です。「水かさ」を「水量」や「水の量」としても正解です。

考え方
1 ② Aは，阪神・淡路大震災，Bは東日本大震災です。地図1中のYは，1923年に起こった関東大震災の震源地です。
③ 地図中のアは十勝岳（最近では2004年に噴火），イは有珠山（最近では2000年に噴火）です。国土が山がちな日本では，各地に火山があり，火山

が多い地域では地震も多くなっています。いっぽう，火山は温泉をつくりだしたり，美しい風景を生み出したりして，地域の観光産業に生かされるなどプラスの面もあります。日本の国立公園のなかにも，火山と関係しているところが数多くあります。

④ 日本近海では，海側の太平洋プレートとフィリピン海プレートが，陸側の北アメリカプレートとユーラシアプレートのほうへ毎年数cmの速度で動いていて，陸側のプレートの下にしずみこんでいます。

2 ① イは冷害（夏に濃いきりが発生して日照不足となり，気温が上がらない現象），ウは雪害の多い地域です。北陸（中部地方の日本海側）は，世界有数の豪雪地帯として知られています。
③ 多くの雪のふる地域では，道路や車を守るため，なだれの発生を防ぐさくが設けられているところもあります。

第5章　わたしたちの生活と環境
グレードアップ問題

答え
1 ① 緊急地震速報
② 気象庁
③ イ
④ イ，エ
2 ① 堤防　　② イ
③ C　早く　　D　高い
④ （例）過去の自然災害を教訓にして，災害発生時に的確に行動できるようにするため。

丸つけのポイント
2 ④「教訓」という言葉を使い，「過去の教訓から学び，防災に役立てる」とい

う内容があれば正解です。また、「教訓」という言葉を使ったうえで、「どこで自然災害が起こったのかを分かりやすく伝えるため」「その地域の人が自然災害の危険性を自覚できるようにするため」といった内容でも正解です。

考え方

1 ② 気象庁は、火山の観測などもおこない、自然災害にそなえています。

③ 新聞は他の3つのメディアや道具のように、入手した情報をすぐに伝えることはできないので、緊急地震速報を伝えるメディアとはなっていません。

④ 家のなかにいるときは、あわてて外へ出ず、じょうぶな机の下などの安全な場所へ避難するのが正しいのでアはまちがいです。自動車を運転しているときは、ゆるやかに速度を落とし、大きなゆれを感じたら道路の左側に停車するのが正しいのでウはまちがいです。

2 ② 建物と建物のあいだを広くすることで、地震のときに建物がたおれても、がれきが道路をふさぐのを防ぐことができます。

③ 地震で津波が発生したときは、極力短時間で、可能な限り高い安全な場所へ避難することが大切です。なお、まわりに高い場所がないときは、海岸からより遠くはなれた場所に避難します。

④ 日本では、昔から多くの自然災害が起こり、そのときの被害の様子を伝えるために、石碑などがつくられてきました。このような自然災害伝承碑が身近にあることを意識させ、自然災害への備えを充実させることを目的として、自然災害伝承碑の地図記号がつくられました。

答え

1 ① 記号：ウ
山地名：夕張山地

② 記号：Y
海洋名：オホーツク海

③ A ア　B エ　C ウ

④ あ エ　い ア
う ウ　え イ

⑤ 1 お　2 か　3 う

⑥ (例) 外の冷たい空気が室内に入らないようにまどを二重にし、雪が積もりにくいように屋根の角度を急にしている。

2 ① ウ

② (例) 北海道では地元で多くとれる農産物や水産物を加工する食料品工業の割合が高い。

丸つけのポイント

1 ⑥「まど」「屋根」という言葉を使い、「冷たい外気をさえぎるためにまどが二重」「雪が積もりにくいように屋根の角度が急」という内容があれば正解です。「冷たい外気をさえぎるために」や「雪が積もりにくいように」の部分は書いていなくてもかまいません。なお、最近では、屋根を内側にかたむけて、とけた雪を屋根の間のみぞから排水させるようにくふうをした家も多くみられますので、その点を挙げてもよいでしょう。

2 ②「農産物や水産物が多くとれる」ので、それを加工する「食料品工業の割合が高い」という内容があれば正解です。

考え方

1 ① アは天塩山地、イは北見山地、エは日高山脈です。

37

②Xは日本海，Zは太平洋です。

③Aは石狩平野，Bは十勝平野，Cは根釧台地です。イは①のある上川盆地について説明した文です。

④⑥は稚内市，①は旭川市，⑤は札幌市，⑧は室蘭市です。夏の降水量が多いイは，太平洋側の室蘭です。また，夏の平均気温が他の都市と同程度ながら，冬の寒い時期の平均気温が－５度を下回っているアは，内陸にある旭川です。残ったウとエの平均気温を比べると，エはウを毎月下回っていますので，エは札幌より高い緯度に位置する稚内と判断しましょう。エよりもやや気温が高く，冬の降水量が多いウは札幌です。

⑤⑥は苫小牧市，⑦は釧路市です。

⑥最近は，三重のまどの家や，雪をとかす設備をもつ平らな屋根の家も増えています。

2 ①北海道は販売農家数で都府県平均の約1.5倍なのに対し，耕地面積や農業産出額は1.5倍よりもはるかに大きいことから考えます。

②食料品工業の割合が全国では9.4%，北海道では35.5%と大きく差がある点に注目しましょう。

第6章 総合問題
2 総合問題2

答え

1 ① リアス海岸（リアス式海岸）

② B 越後平野　　C 濃尾平野

③ 茶　④ イ

⑤ 記号：エ

河川名：信濃川

⑥ ①

⑦ （例）まわりを山地に囲まれている

ため季節風がさえぎられ，年中降水量が少ない。

2 （例）他の産地と出荷時期をずらして生産している。

3 ① 自動車

② Y　中華人民共和国（中国）

Z　サウジアラビア

③ イ

④ （例）雪のために農業ができない農家の冬の副業としてさまざまな手工業が発達したから。

丸つけのポイント

1 ⑦「季節風」という言葉を使い，「（季節風が）まわりの山地にさえぎられるため，年中降水量が少ない」という内容があれば正解です。

2 「他の産地と出荷時期をずらして生産」という内容があれば正解です。「夏に出荷できるように生産」と出荷時期を具体的に挙げてもよいでしょう。

3 ④「雪で農業ができない農家の冬の副業として発達した」という内容があれば正解です。

考え方

1 ②「越後」は新潟県の旧国名です。「濃尾」は，岐阜県南部の旧国名の「美濃」と，愛知県西部の旧国名の「尾張」にちなんだものです。

③茶の栽培がさかんなDの台地は静岡県の牧ノ原です。

④長野県にあるアは長野盆地，イは諏訪盆地，山梨県にあるウは甲府盆地です。諏訪盆地の諏訪湖周辺では，かつてはカメラや時計などの精密機械の生産がさかんでした。

⑤エの信濃川は日本最長の河川です。オは木曽川，カは天竜川です。

⑥⑦⑥は富山市（富山県），①は松本

市（長野県），③は静岡市（静岡県）を指しています。松本市は，海からはなれた内陸の盆地にあるため，季節風のえいきょうをあまり受けず，また寒暖の差が大きいという特徴があります。

3 ①Pの愛知県で貿易額が最も多いのは名古屋港です。愛知県には自動車の組み立て工場が数多く立地しており，名古屋港からは自動車や自動車の部品が，さかんに輸出されています。

③九谷焼はBの石川県，小千谷ちぢみはDの新潟県，越前和紙はAの福井県，高岡銅器はCの富山県の伝統的工芸品です。

答え

1 ① 1 地図 イ 名前 オ
　　2 地図 ウ 名前 キ
　② イ 　③ ウ
　④ （例）施設をつくるのに多くの費用が必要となる点。

2 B イ 　D ウ

3 ① ウ 　② ウ

丸つけのポイント

1 ④「施設に費用がかかる」という内容があれば正解です。「だんぼうの燃料代がかかる点」でもよいでしょう。

考え方

1 ①エの雲仙岳（普賢岳）は地図1中のアです。カの宮之浦岳は，屋久島（鹿児島県）にある九州地方で最も高い山です。

②Xの福岡県やYの佐賀県では，米の裏作として小麦づくりがさかんです。

③Zの宮崎県では，ビニールハウスを用いて，ピーマンやきゅうりなどを生産し，ほかの産地よりも早い時期に東京などの大消費地に出荷しています。

2 人口と工業製品出荷額がB～Eを大きく引きはなしているAは，九州の中心である福岡県です。B～Eのうち，畜産の額の大きいDとEを，鹿児島県と宮崎県にしぼりましょう。DとEを比べたとき，大きな差があるのは漁業生産額です。全国有数の水あげ量をほこる枕崎漁港があり，ぶりの養殖がさかんなことで知られる鹿児島県がE，宮崎県がDです。残るBとCを比べると，漁業がさかんなB，工業がさかんなCという点が特徴的です。大陸だなが広がる東シナ海での漁業がさかんな長崎県がB，九州で唯一の石油コンビナートがあり，製鉄所や自動車工場もある大分県がCです。このような問題を解く方法はさまざまですが，項目ごとに，最も大きい数値や最も小さい数値に印をつけて，それぞれの県の特色を表から読み取り，自分が身につけている各県についての知識や理解と結びつけながら，答えを導き出しましょう。

3 ①アの屋久島とイの大島（奄美大島）は鹿児島県に属し，エの石垣島は沖縄県に属します。

②ウ 2012年から2018年の期間，国内からの観光客は，毎年，前年を上回っていますので，正しいです。

ア 98477−58358 ＝ 40119（百人）と，500万人に満たないのでまちがいです。

イ 29038 ÷ 98477 ＝ 0.294…ですので，「5人に1人」ではなく「10人に3人」のまちがいです。

エ 29038 ÷ 3767 ＝ 7.708…ですのでまちがいです。

Z-KAI